差がつく練習法

陸上競技 東京高校式ドリル

著 大村邦英 東京高校終身監督

はじめに

プロフェッショナルの道

極限の速さ・攻めの強さ・心の逞(たくま)しさを求めて

陸上競技の好きな皆さんこんにちは。この本は陸上競技のトレーニング方法・指導方法を根本から考え直す機会にと考え、“気づく”をテーマにあらゆるスポーツに通用する秘策の流儀トレーニングをまとめました。

私は中学から陸上競技を始めましたが、高校、大学と指導者に恵まれず、独自のトレーニングで、あらゆる大会に挑戦しました。しかし、トレーニングの効果や強さ、調整方法など、何も考えず実施してきたため、大好きな陸上を夢中でやっても記録は伸びず、挙句の果てにカカトを骨折して現役を終えることになりました。その苦悩のなかで気づいたのは人を育てる喜び。人が人を育てる生きがい、見えない記録に挑んでいく生きがい。私の新たなる人生の道として、神様は“指導者”の道を与えてくれました。

1973年、東京高校に勤め始めた当初は、長距離１名と短距離１名の男子部員２名から指導をスタート。グラウンドは腰まで雑草におおわれ、直線から曲線70mの恵まれない施設でトレーニングに励んできました。

この恵まれない環境のなかで何をすれば強い選手を育成できるのか？　夢のインターハイ出場はどうすればできるのかと、自分に問いかけながら無我夢中で取り組みました。負けない攻めの姿勢の結果が表れたのが、1981年東京都高校総合体育大会。ここで男子総合初優勝を成し遂げたのを皮切りに、2016年まで男子33回、女子24回の優勝数を飾るまでに成長してきました。

この間に、全国で結果を出せない自分に指導の大きな転機を与えてくれたのが1989年のアメリカの陸上競技クリニックでした。選手を“伸ばせない指導者”、選手から“信頼されない指導者”の二つを感じた私は、自分自身が陸上に対する勉強をしなければ今後の指導者としての道はないと考え、トレーニングの理論を基礎から学ぶために渡米。アメリカナショナルチームコーチ、ケン・松田氏のトレーニング法を学ぶことにしました。この経験には、鋭い衝撃を受け“目から鱗が落ちる”心境でした。

松田氏はオリンピック金メダリスト28名、世界記録32名を育てた実績を持ち、テニス界で有名なコーチであるマイケル・チャンを育てた人物でもあります。この偉大なコーチから受けた指導は、今までのトレーニング理論を覆すもので、“これが私の指導だ”と頭にたたき込みました。人の出会いは心境を変えるといいますが、まさに今ある指導はここで生まれました。

指導力はすぐに結果として表れ、翌年本校初のインターハイ入賞である走高跳優勝（内田猛樹）。ここから、男子200m優勝、女子砲丸投優勝、女子800m優勝（日本高校記録）とトレーニングの効果が実績に結びついてきたのです。

気づいて決断！　私自身が大きく変われたように、皆さんも一つのきっかけで変わるチャンスがあります。そのために大切なことは、現状のトレーニングの発想を進化させること。今までの固定概念を捨て大きく伸びるためのトレーニングドリル、正しいトレーニングをマスターすることです。

この本で学ぶヒントから、自分のトレーニング力、トレーニング指導力を高め、トレーニング調整を継続してこそ道は開けていきます。常に極限の体と精神力を養いましょう！

大村邦英（東京高校陸上部終身監督）

CONTENTS
目次

第２章 短距離・中長距離

第３章 ハードル

第４章 跳躍

本書の使い方

本書では、写真や図、アイコンなどを用いて、一つひとつのメニューを具体的に、よりわかりやすく説明しています。写真や“やり方”を見るだけでもすぐに練習を始められますが、この練習はなぜ必要なのか？　どこに注意すればいいのかを理解して取り組むことで、より効果的なトレーニングにすることができます。普段の練習に取り入れて、上達に役立ててみてください。

▶ 身につく技能が一目瞭然

練習の難易度やかける時間、あるいはそこから得られる能力がひと目でわかります。自分に適したメニューを見つけて練習に取り組んでみましょう。

▶ 知っておきたい練習のポイント

この練習がなぜ必要なのか？　実戦にどう生きてくるのかを解説。また練習を行う際の注意点を示しています。

三段跳ドリル

ねらい　三段跳の跳躍の実戦に近い動きづくり

難易度	★★★★★
時　間	15分
目　的	跳躍練習前に実施

» 主にねらう能力

Menu 076 マーカー・バウンディング

▼ やり方

マーカーを6～12足長間隔（最初は短い間隔で）で10個並べ、そこを目標にしてバウンディングで乗り込んでいく。あまり助走はつけずにスタート。空中での“タメ”や、接地のタイミングと反発のもらう感覚をつかみながら行う。接地はくるぶしの下あたりで、フラットに地面をとらえて、重心がそこに乗り込んで進んでいく。通常のバウンディングと違う点は、マーカーを置くことで自分の感覚だけで跳ぶのではなく、しっかりと距離を意識して行える

ワンポイントアドバイス

バウンディングやホッピングは、接地の感覚を養う大切な基礎となる練習。跳躍選手はもちろん、短距離選手や投てき選手にとっても、補強として取り入れられている効果的なトレーニングだ。跳躍ブロックでは、より自身の試技を意識しながら行おう。三段跳の場合、踏切脚だけでなく、逆脚もステップで必要になる。両方バランスよく跳躍できる力を養おう。

Menu 077 スピード・バウンディング

▼ やり方

よりスピードを出して、ハードルを置いてバウンディングを行う。間隔は6～12足長（最初は短い間隔で）で10台並べる。接地したときに、重心（骨盤）を先に移動し、その真下に足が来るような感覚で行う。マーカー・バウンディングよりも高く跳ぶ必要があり、その際、脚のスイングをしないとスピードが落ちてしまうので、切りかえしを意識して行う。マーカー・バウンディングよりも助走をつけてスタートする

104

なぜ必要？

両脚差がなく跳べるように！

三段跳に必要な動作を、バウンディングによって養う。バランスを崩さないよう重心移動をスムーズに行い、両脚でも差がなく跳べるようになれば記録も向上する。

ここに注意！

» 両脚で差がなく跳べるように
» 脚から先に移動するのではなく、重心の移動、乗り込みを意識する
» 跳躍をイメージしながら行う
» 接地のタイミングと、地面をとらえる（反発をつかむ）イメージで行う

Menu 078 ホッピング

▼ やり方

10台の低いハードルを、ホッピング（片脚跳び）で進んでいく。バランスよく、上半身と遊び脚をうまく使わないと前に進まない。支持脚のパワーアップにも効果がある。三段跳の選手は逆脚をより正確な動きできるようになると記録アップにつながる

ワンポイントアドバイス

ホッピングを連続して行うと、徐々に勢いがなくなって跳びこえるのがきつくなってくる。それは、三段跳の実際の動作も同じだ。ホップ、ステップ、ジャンプと勢いがなくならないよう、いかに地面の反発をえて、重心移動できるかをイメージしよう。

105

そのほかのアイコンの見方

ワンポイントアドバイス

練習するにあたって心がけたい部分、ポイントのお話です

Level UP!

より高いレベルの能力を身につけるためのポイントです

Extra

練習にまつわるエピソードやどんな場面で行うのが効果的かを紹介します

Arrange

掲載した練習法の形を変えたやり方の紹介です

第１章

速くなるウオーミングアップ

走る、投げる、跳ぶといった
陸上競技のすべての種目に効果的な
ウオーミングアップを紹介します。

コアドリル

ねらい

股関節の可動域を広げる骨盤回りの補強

難易度	★★☆☆☆
時　間	10分
回　数	各5〜10回
目　的	ウオーミングアップ、補強

» 主にねらう能力

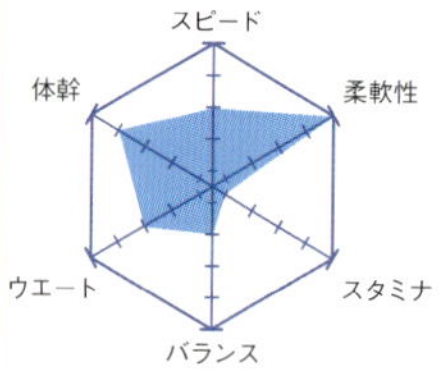

Menu 001 脚の上下(1・2)

▼やり方

1 あおむけになり、脚を上下に開脚する。股関節を軸にして大きく動かす

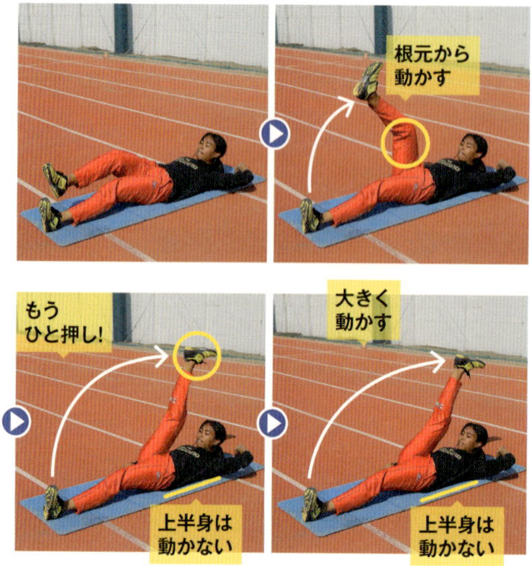

ポイント **上半身は動かさない**

動かさないほうの脚は浮かないように。いっぱいに上げたあと、さらにひと押しするイメージで。上半身は動かさない。「イチ、ニ」のリズムで。股関節、大殿筋（股関節を伸ばす働きをもつ筋肉）の強化に効果がある。上半身が動くと体幹がつくられず、効果が半減するので注意

Extra

こんな場面でやろう!

試合当日も!

東京高では試合当日もまずコアドリルで体を動かす。

Menu 002 横向き(1・2)

▼やり方

1 横向きになり、Y字バランスの要領で上側の脚を開脚する

ポイント

下の脚は動かさない

下側の脚が前に動いたり、浮いたりしないように。上半身を動かしてしまうと脚が浮いてしまい、可動域が広がらない。これも「イチ、ニ」のリズム

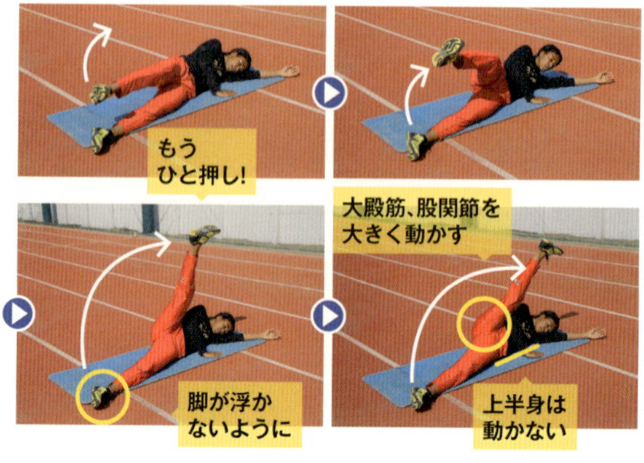

▶動かすのは上側の脚だけ。Y字バランスで立つのと同じイメージなので下側の脚は動かさない

なぜ必要？

関節回りの柔軟性が大事

走る、投げる、跳ぶといった基本動作で大事なことは、関節回りの柔軟性。
特に股関節回りや肩甲骨回りを重点的に柔らかくし、可動域を広げることが重要となる。

ここに注意！

» 頭、背中を真っすぐに。軸をつくって動かすこと

» 大きく、ダイナミックに動かすこと

可動域を意識して大きく動かす

動きが小さいと可動域は広がらない

Extra

こんな場面でやろう！

寒冷地の学校にもオススメ

練習でのウオーミングアップはもちろん、ケガを抱える選手の補強にも効果的。また、試合前にも可動域を広げるための効果が絶大。小・中学生でもストレッチ代わりに行うと良い。寒冷地のチームでも一気に体を温めることができるのでオススメ。

Arrange

種目によってセット数を変える

陸上競技は短距離、中・長距離の走り系種目や、走幅跳、走高跳などの跳躍種目、砲丸投、やり投などの投てき種目と種目は多種多様。コアドリルはどの種目の選手にも効果的だが、走り系は脚の動きがとくに大事なのでセット数を多めに行う。

Menu 003 脚の上下(内・外)

▼やり方

1 足首を内側、外側に向けた状態で前後に大きく動かす

◀脚を上下に動かす。この時、つま先の向きを内側、外側と変えて行うことで負荷が変わる

ポイント

芯から可動域を広げる

足首の向きを変えた状態で股関節から動かすことで、さらに芯のほうから可動域が広がる

ここをcheck!

☑ 足首の向き

＜腸腰筋＞
腰椎と大腿骨を結ぶ筋肉
＜内転筋＞
内ももの筋肉

Menu 004 脚の左右(1･2･3)

▼ やり方

1 股関節を軸にして、片方の脚を真っすぐにしたまま、もう片方の脚を左右に開く

◀脚は大きく左右に動かして可動域を広げる

ポイント

テンポ良く行う

上半身はブレないこと。「イチ、ニ、サン」のリズムでテンポ良く

ワンポイントアドバイス

股関節の可動域を広げることでストライドが大きくなり、左右の切りかえが速くなる。

ここをcheck!

☑ 逆脚でもしっかり股関節を開こう

Menu 005
横向き(1·2·3)

▼やり方

1 横向きになり、上側の脚を前後に開脚する

▲脚を大きく前後に開脚。このとき、体がフラフラしないように！

ポイント

頭の位置は動かさない

「イチ、ニ、サン」のリズムでテンポ良く。頭の位置が動かないか、背中が丸まらないかなど注意

Menu 006
横向き上下

▼やり方

1 両脚を浮かし、下の脚を地面に対して上下に動かす

▲動かすのは下の脚。内転筋を意識しながら行う

ポイント

内転筋を意識する

上の脚は動かさず、下の脚を動かす。股関節を軸にし、内転筋をうまく使うこと。股関節回りの柔軟性を高めると同時に瞬発力を鍛えて、ピッチとストライドを向上させよう

Menu 007 横向き拍手

▼ やり方

1 左右の脚を、股関節を軸にして地面から少しだけ浮かし、靴の内側で拍手をするように細かく動かす

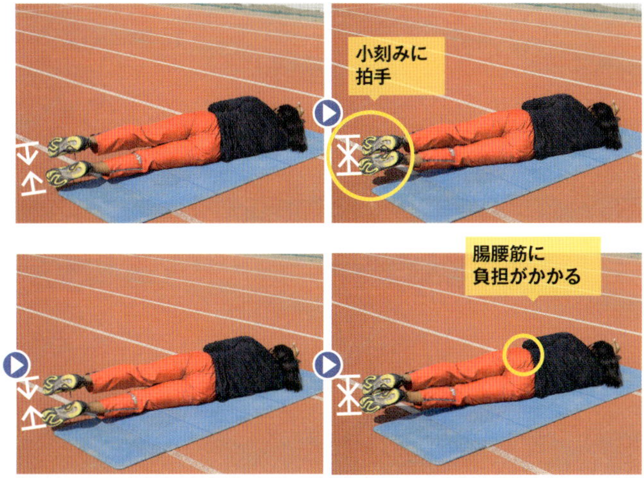

◀脚をしっかり伸ばして靴の内側を拍手するように動かす

ポイント

脚全体を動かす

足首だけ動かすのではなく、股関節で脚全体を真っすぐにして動かすこと

Menu 008 横向き回し

▼ やり方

1 横向きになり、両足を浮かした状態で、股関節を軸にして下の脚を回す

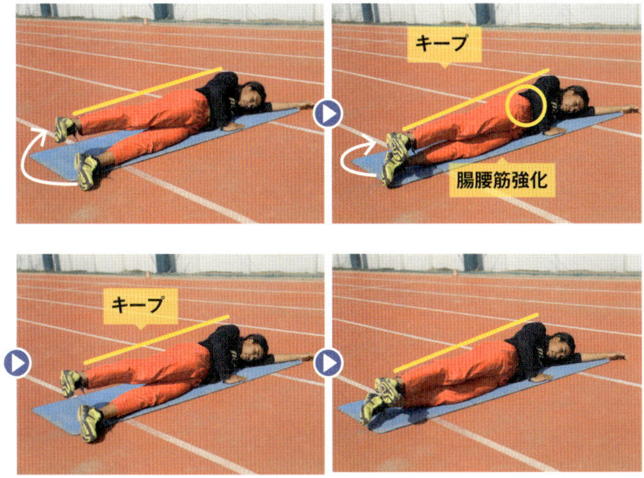

◀動かすのは下側の脚だけ。股関節の軸を意識して行う

ポイント

下の脚を回す

上の脚はキープしたまま、あくまで下の脚を、股関節を使って回すイメージで行う。脚は高く浮かし過ぎない

Menu 009 四つんばい後ろ

▼ やり方

1 四つんばいになり、お尻回りを使って脚を真っすぐ後ろに引き上げる

◀脚を後ろに引き上げる際、体がブレてしまう人は体幹が弱い証拠

ポイント

頭から背中を一直線に

頭から背中にかけて、一直線にすること。脚を大きく引き上げても、バランスが崩れないように体幹を意識する

Menu 010 四つんばい横

▼ やり方

1 四つんばいで、上半身を真っすぐに保ったままで、片脚のヒザを 90 度にして腰の位置まで上げる。逆脚も同様に

▲腰の位置まで脚を上げてから後ろへ

ポイント **猫背にならない**

猫背にならないように。背中が横を向かないようにする。走るとき猫背にならないようにするのと同様に、上半身は軸をつくって下半身を大きく動かそう

Menu 011 四つんばい回し

▼ やり方

1 股関節を使って、脚を大きく後ろから前、前から後ろと回す

▼背中が丸まらないように注意。大きく回すことを意識する

Extra

無理はしない。ケガ予防にも!

体の柔らかさには個人差がある。自分の可動域を把握し、「少し苦しいな」というところで速く動かそう。無理をするとケガの元だ。また、コアドリルは１人でもできる効率的なトレーニングなので、オフの日や軽めの練習でも補強として行い、ケガ予防にも効果大！

ポイント

脚を大きく回す

背中は常に真っすぐに、頭も下がらないように気をつける。軸をしっかりつくって大きく回す。逆回しも行おう

ワンポイントアドバイス

軸がブレずにストライドの大きな走りにつながる

背筋を真っすぐに保ちながら行うことは、姿勢の良いフォームをつくる基本。常に走りをイメージしながらコアトレーニングを行おう。また、走りだけでなく、跳躍、投てきでも、軸をつくって股関節を大きく使うことでパフォーマンスは向上する。

▶エドバー選手の走り。軸がブレず、股関節を大きく使っているのがわかる

ねらい

関節の可動域を広げる瞬発力、バネの強化

難易度	★★☆☆☆
時　間	5分
回　数	各10回
人　数	2人1組
目　的	ウオーミングアップ、補強

» 主にねらう能力

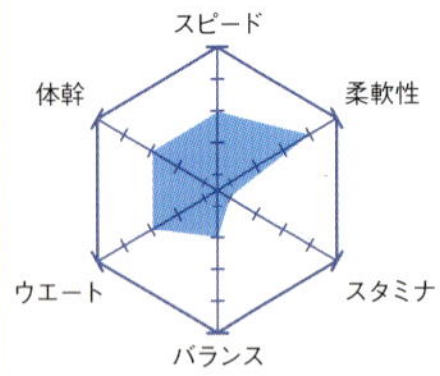

見本 負荷がかかった瞬間に素早く反応して抵抗する

冬　　期…各 10 回
試 合 期…各　6 回
試合当日…各　4 回

…抵抗の力を入れる方向
…負荷をかける方向

なぜ必要?

関節回りの柔軟性と強化

コアドリルと同じく、関節回りの柔軟性を高め、可動域を広げる。また、負荷をかけて抵抗することで、筋力、腱の瞬発力を向上させることができ、地面の反発をより得られるようになる。

ここに注意!

» 1回ずつではなく、開く、閉じる、開く……と交互に数秒ずつ負荷をかけて抵抗する

» 部分、部分で動かすのではなく、軸からしっかり動かすこと

» 負荷がかかった瞬間に一気に動かす（反応する）。瞬発力を意識すること

» ゆっくり行うのではなく、テンポ良く行う

Menu 012 足首の上下

▼ やり方

1. 三角座りになり、負荷をかけるほうの人に脚の甲を持ってもらう
2. 地面側に負荷をかけられた瞬間に、負荷に抵抗して足首を軸にしながら、カカトを地面につけたままつま先を持ちあげる（※負荷があるため、実際にはほとんど動かない）
3. 続けて、つま先を上げ、足の裏から負荷をかけてもらい抵抗する

ポイント 太もも、ふくらはぎの筋力を使う

軸は足首だが、太もも、ふくらはぎの筋力を使っている感覚をつかもう

＜前脛骨筋＞
スネの内側から脚の甲までつながっている筋肉

Menu 013 足首の開閉

▼ やり方

1. 長座になり、足首を閉じた状態で負荷を内側にかけてもらい、開こうと抵抗する
2. 逆に、開いた状態では、広げようとする負荷に対し、閉じようと抵抗する

ポイント テンポ良く行う

お尻を浮かしたり、つま先だけで抵抗したりしないように

Menu 014 股関節の開脚

▼ やり方

1 三角座りをして、股関節を「開く」「閉じる」の負荷に対して抵抗する

ポイント 股関節、太もも回りの強化

ヒザに力を入れて抵抗するのではなく、股関節を軸にして、脚全体で抵抗すること。開くとき、股関節を痛めないように。普段から柔らかく使えるように柔軟性を高めておこう

Menu 015 大腿部の横向き

▼ やり方

1 横向きになり、上側の脚を前後に開脚し、一番開いたとき、閉じたときに負荷をかける

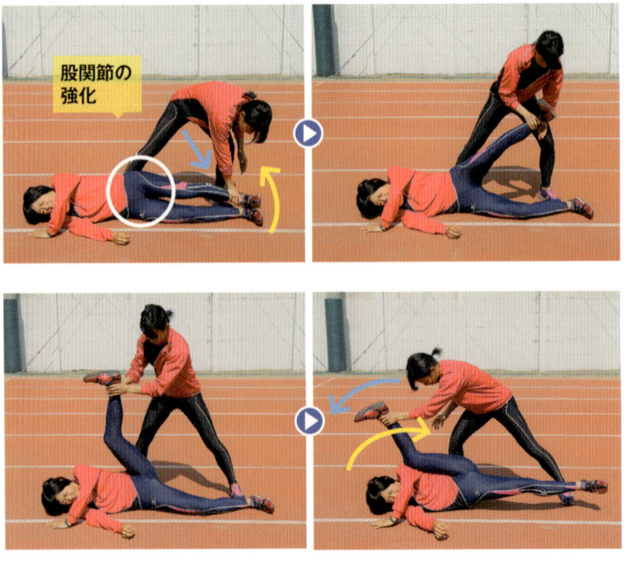

練習の効果

大腿部、股関節の強化はストライドアップと反発力につながる。

ポイント

脚全体で抵抗する

足首やヒザを軸にして力を使うのではなく、股関節を軸にして、脚全体を使って抵抗する

Menu 016 大腿部の上下

▼ やり方

1. あおむけになり、脚を上下に
2. 脚が頭側にあるときは振り下ろす抵抗、脚が地面側にあるときは振り上げる抵抗となる

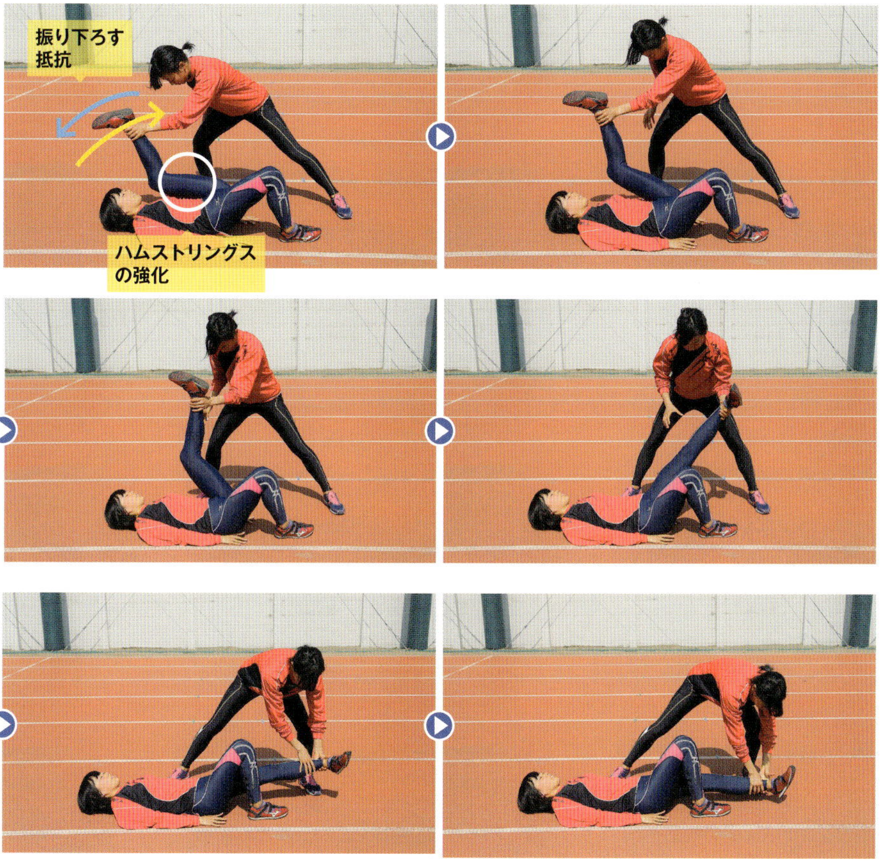

ポイント

上げるときも、下ろすときもしっかり抵抗

振り下ろす際は裏ももの、振り上げる際は太ももの、力をしっかり使う。力だけに頼らず、股関節を軸にして脚全体で行う

Menu 017 レッグカール

▼ やり方

1 うつぶせになり、脚（レッグ）を巻く（カール）
2 ヒザ裏を閉じる、開く、負荷に抵抗する

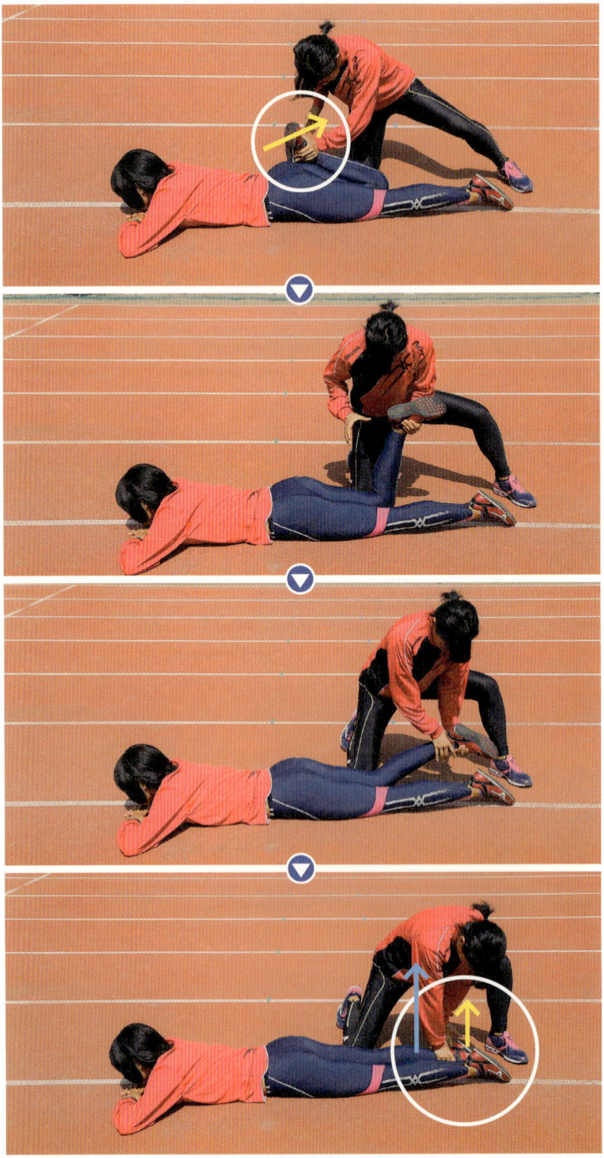

《練習の効果》
蹴り上げたあとの引き戻し動作を素早くするための強化。

ポイント

裏ももを意識する

太もも裏（ハムストリングス）の筋力、バネを使えているか意識する

《練習の効果》
地面の反発を得て素早く蹴り上げるための強化。

Menu 018 上体腕回り

▼ やり方

1. あおむけになり、ヘソあたりで手を組む
2. ヒジを持ってもらい地面側に負荷をかけ抵抗する
3. 次に、腕を頭の上に持って行き、ヒジに負荷をかけてもらう

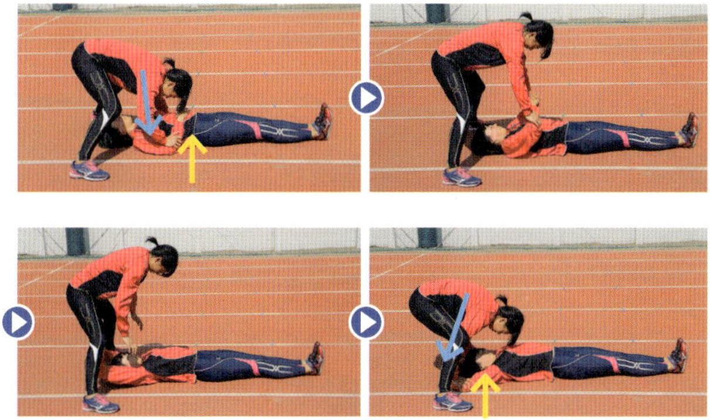

! ポイント

肩甲骨を中心に上半身全体で抵抗

腕だけの力ではなく、肩甲骨を中心として上半身全体で抵抗する

((練習の効果))

腕振りを素早くするための強化。

▲短距離の接地の瞬間。腱反射、脚全体の反応、腕振りなど、瞬発力を鍛えるのが抵抗トレーニングだ

Extra

補強としても効果的

コアドリルの続きで、ウオーミングアップとして体を温めるのに効果的。走り、投げる、跳ぶの基本動作につながっているため本練習にすぐに移行できる。また、ウエートトレーニングとしても効果的で、バネ、筋力の向上につながる。補強としても取り入れよう。

ワンポイントアドバイス

地面からの反発を利用する

陸上競技のすべての種目は「地面からの反発を利用する」ことが大切。そのためには、筋肉、腱の瞬発力と反応が必要となる。抵抗トレーニングでは、筋力アップはもちろん、負荷がかかった瞬間に反応して抵抗する瞬発力を強化する。たとえば、100mで接地した瞬間に地面の反発をもらって加速する部分に生きる。股関節のダイナミックな動きが、股関節を使った大きな走りにつながる。

＜腱反射＞　アキレス腱が瞬間的に伸ばされると、急速に縮む性質のこと。
腱反射を利用して地面を蹴り、その反発を使って推進力を生み出す

ダイナマックストレーニング

ねらい

体幹の強化
筋力、瞬発力の向上

難易度	★★★☆☆
時　間	10分
距　離	15m−5m(入れ替わり)−15m×2本(往復)
重　量	男子3kg、女子2kgのダイナマックスを使用
人　数	2人1組
目　的	ウオーミングアップ、補強

ダイナマックスとは!?

ダイナマックスはメディシンボールよりも柔らかく、やや大きめなのが特徴。重さもいろいろあるので男女や時期によって重量を変えることも大事。

» 主にねらう能力

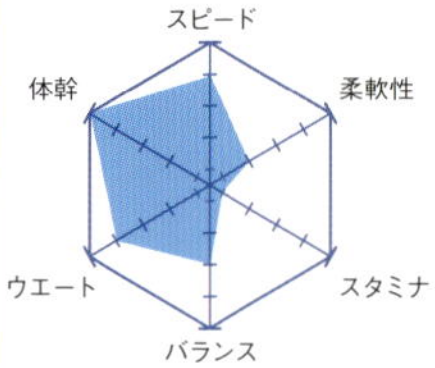

なぜ必要?

東京高のトレーニングの“核”となっている。

動きながらダイナマックスを投げることで、重心移動の感覚をつかむ、体全体を使う、体幹の強化など、さまざま効果を一度に得ることができる。メディシンボールでも代用可能だが、表面が柔らかいダイナマックスを用いることでケガのリスクを軽減し、受け手にとっても体幹強化の効果が見込める。

ここに注意!

» 手投げにならず、体幹を意識し、下半身から上半身へ力を加え、体全体を使って投げる

» 体(軸)を真っすぐにし、左右バランス良く使えるように。股関節は大きく動かすこと

» 常に自分の種目の“走る”“跳ぶ”“投げる”といった際の接地や重心移動をイメージしながら行おう

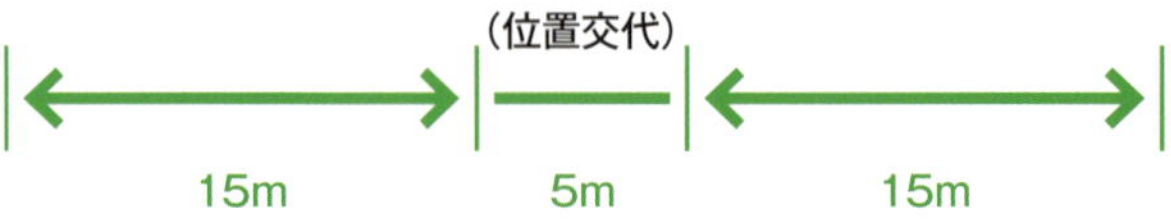

※15メートル進んだら位置を交代して逆向きも行うようにする

Menu 019 開脚　前

▼ やり方

1. ２人１組で平行移動し、体幹を意識しながら、パートナーにボールを投げる
2. 受けた瞬間から「イチ、ニ、サン」のリズムで投げ返す
3. ダイナマックスを受ける瞬間はランジウオークの姿勢で開脚し、しっかりと一度静止する
4. ダイナマックスを持っていないほうも、ランジウオークの姿勢で股関節の可動域を意識する

股関節を大きく
肩甲骨、腸腰筋を使う
キャッチする際も体幹の強化になる

▲必ず両側やるように位置を交代すること

ポイント　股関節の可動域を広げる

股関節の可動域を広げる。ダイナマックスを受けた際の負荷を吸収し、その反動をうまく利用して投げる。受ける際、投げる際も、フラフラしないように体幹をしっかりとつくる

Menu 020 開脚　横

▼ やり方

1. ２人１組で向き合いながら、横に移動しつつダイナマックスを投げ合う
2. 受ける瞬間は、開脚してしゃがんで、静止
3. 「開脚・前」同様のリズムで投げ返す

股関節を柔らかく
肩甲骨を使う
地面からの反発を受けて投げる

▲２人の位置を入れかえて行うように

ポイント 頭の位置は動かさない

下半身をうまく使って、重心移動を意識しながらダイナマックスを投げる。頭の位置を動かさず、背中も真っすぐにして行う

Menu 021 開脚　後ろ

▼やり方

1 「開脚・前」同様、前後に開脚し、後ろ向きに進んでいく

◀これも途中で位置を入れかえて行う。投げる方向を変えることによって、左右均等に筋力をつけることができる

ポイント

バランスを取って姿勢を保つ

前向きよりも難易度は高くなり、バランスを取るのが難しくなるが、体幹をつくって姿勢を保つこと。リズムも崩さないようにしよう

Level UP!

後ろに進むことで脚さばきと体幹を強化

前に速く動くためにはブレない体幹づくりと股関節の柔軟性が大切。後ろ向きに進むことで脚さばきや体幹を強化することができる。

Menu 022 ランニング　両手

▼やり方

1 走りながらダイナマックスを両手で正面から投げる

▲受ける側は取ったら素早く返すようにする

ポイント　下半身を使って投げる

腕で投げるのではなく、下半身を使い、上半身と連動させて強く投げること。頭が下がったり、猫背になったりしないように

Menu 023 ランニング　片手

▼やり方

1 走りながら片手でダイナマックスを投げる
2 右、左と交互に行う

ポイント

重心を水平移動

下半身をしっかり使って投げること。頭の高さを変えず、重心を水平移動させせよう

ポイント

反対の手でもバランスを崩さない

◀利き手と逆の手で投げるときもバランスを崩さないようにする

Menu 024 ランニング　下から上

▼ やり方

1 ダイナマックスを、しゃがんだ状態から下半身のバネを使って前方に投げる

◀下半身をしっかり使ってダイナマックスを投げる

ポイント

100m の スタートをイメージ

100m のスタートのように、下半身を使い、重心をダイナマックスだという意識で、前に力を加える。姿勢は猫背にならず、伸ばした後ろ脚から頭まで真っすぐになるように

Level UP!

ダイナマックスは 受け手も練習

ダイナマックスはしっかり受け取ることで体幹強化につながる。落として拾うのではなく、キャッチするのはそのためだ。

Menu 025 ランニング　上から下

▼ やり方

1 ダイナマックスを、ランニングしながら頭の上から投げ下ろす

▲頭の上から真っすぐに投げる

ポイント 下半身から力を伝える

腕だけではなく、下半身から力を発揮してダイナマックスに力を伝える

Menu **026** # キック①（ワンキック）

▼ やり方

1 ダイナマックスを持ちながらランニングし、タイミングよくダイナマックスをももでキックする

ポイント

走りのフォームを意識して行なう

短距離のもも上げと同じように、走りのフォームを意識しながら、キックでダイナマックスに力を伝えること。短距離種目は素早いキック動作の連続。両脚でしっかり蹴り出せるようになろう

ワンポイントアドバイス

蹴る動作でストライドの向上に

ダイナマックスを蹴る動作を素早く行うことで太ももの引き上げが速くなり、ストライドの向上につながる。

▼逆脚でもしっかりと力を伝えられるようにする

Menu 027 キック②（スリーキック）

▼ やり方

1 左、右、左と３回ダイナマックスをキックし、３回目のキックで相手に届くように蹴る

▲左、右、左のキックをやったら、次は、右、左、右と脚を入れかえて行うようにする

ポイント 上半身と下半身を連動させる

走る際の切りかえしを意識して、テンポよく蹴る。上半身と下半身を連動させること。背筋は真っすぐに

Menu 028 スキップ前

▼ やり方

1 素早いスキップで前進しながら、「イチ、ニ、サン」のスリーステップの「サン」でダイナマックスを併走している相手に投げる
2 ボールを持っていないときもスキップで移動する

ポイント

接地を速く意識する

接地を速く意識する。体幹をしっかりつくって重心を移動させながら、地面からの反発を利用してダイナマックスを投げる。スキップは接地のタイミングをつかむ感覚を養うことができる。スキップでも体幹がブレないようにしよう

ワンポイントアドバイス

ダイナマックスは受け手も練習

ダイナマックスはしっかり受け取ることで体幹強化につながる。落として拾うのではなく、キャッチするのはそのためだ。受け手も気を抜かずに取り組もう。

Menu 029 スキップ横

▼やり方

1 横向きのスキップ（サイドステップ）をしながら対面している相手にダイナマックスを投げる

▲サイドステップも正確に行う

ポイント 重心が上下にブレない

姿勢は真っすぐ、猫背にならないように。重心が上下にブレないように接地を速く意識する。体幹をしっかりつくって重心を移動させながら、地面からの反発を利用してダイナマックスを投げる

Menu 030 スキップ後ろ

▼ やり方

1 後ろ向きにスキップしながら、ダイナマックスを投げる

▲後ろへの動きのときも体が左右にブレないように注意

ポイント

後ろスキップで地面の反発をとらえる感覚を身につける

重心が左右にブレないように意識しながら、接地の速いスキップを心がける。前にいく動作だけはスピードを向上することはできない。ステップを踏むのが難しい後ろ向きでスキップすることで、地面の反発をとらえる感覚を身につけよう

ワンポイントアドバイス

スタートや走りを常に意識しよう!

ダイナマックストレーニングや動きづくりは、常に種目を意識して行わないと効果が半減する。短距離選手であれば、スタート局面、加速局面といった具合に意識しよう。

▶スタート場面とダイナマックスの下から上(①と②)。加速局面とダイナマックスのキック(③と④)。同じ状態なのがわかる

Extra

これが東京高校流!
ダイナマックスを有効活用

ほとんどの陸上部で行われている「動きづくり」。もも上げやスキップ、ランジウオーク、バックステップなども行われているだろう。それを、ダイナマックスを用いて行っているのが東京高校流。特別なことではなく、走りのイメージ、フォームをつくるための動きづくりに、ダイナマックスを用いることで、より体幹や重心を意識することができ、強化できるようになる。

Extra

こんな場面でやろう!

走練習前が効果的

ダイナマックスを使ったトレーニングは、走練習に入る前に行うと効果的。意識する接地、重心移動は、走りだけに通じるものではない。たとえば、砲丸投のグライドや走幅跳の助走から踏み切りの場面など、すべての種目に通じることを頭に入れよう。コアトレーニングで意識した「柔軟性」、抵抗トレーニングで意識した「瞬発力」も大事にしながらダイナマックストレーニングに取り組むと効果絶大だ。

ねらい

体幹の強化
骨盤、肩甲骨回りの
強化と柔軟性向上

難易度	★★★★★
時　間	15分
目　的	ウォーミングアップ、補強

» 主にねらう能力

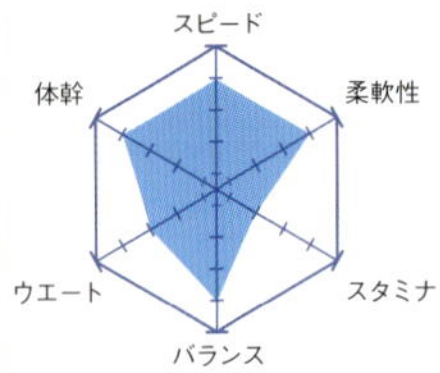

なぜ必要?

体幹の基礎体力強化はもちろん、接地のタイミングや感覚をつかむトレーニングとなる

縄跳び、ハードルまたぎ、懸垂など、通常どのチームでも練習しているものも多いが、走りをイメージしながら骨盤回りや肩甲骨回りを動かすことで、このあとの走練習にスムーズに入っていける。

ここに注意!

» 走るフォームを意識しながら行う

» 骨盤、肩甲骨を動かすことを意識する

Menu 031 パワーロープ(1kg)

片脚、逆脚、両脚の前回しと後ろ回し
短　距　離　：各20回×2〜3セット
短長〜中距離　：各50〜60回×2〜3セット

▼やり方

通常の跳び縄よりも重量のある 1kg のロープを使用する。片脚の前・後ろ、逆脚の前・後ろ、両脚の前・後ろで行う

▲片脚跳びで前回し

▲片脚跳びで後ろ回し

▲脚を入れかえて、前回し、後ろ回し

▲両脚跳びで前回し、後ろ回しを行う

ポイント

ロープを回して腕振りにつなげる

スプリントに必要な接地の感覚をつかみながら行おう。ロープを回す際は、肩甲骨回りを意識し、腕振りにつながることをイメージする。バランスを崩さないように、体幹をつくる

Level UP!

重いロープを使う!

重い跳び縄で行うと遠心力が強くなるため肩甲骨回りや体幹の強化に効果アップ！

Menu 032 ハードルまたぎ

3往復

▼ やり方

東京高校のハードルドリルはこの１種類のみ。
２台を並べ、「イチ、ニ、イチ、ニ……」のリズムでキレ味するどく２台またぎ、往復する

ポイント

接地は足裏でしっかり地面をたたく

足から頭まで真っすぐに、姿勢を保つ。ももを上げたときも、前傾したり後傾したりしないようにし、体幹を真っすぐに上げる感覚で。接地はつま先ではなく、足裏でしっかり地面をたたく。足を前に着いたり、後ろに着いたりしないようにし、骨盤前に引き上げる

Menu **033**

ウオーターボールトレーニング①

男子4kg
女子3kg
20〜50回（逆脚、逆回しも）

▼やり方

片脚バランスをし、上げているほうの脚の周りでウオーターボールを回す

ポイント 逆回し、逆脚もやる

体幹をつくる。大腰筋、腸腰筋の強化になるが、姿勢を真っすぐにしないと効果が下がる。逆回し、逆脚支持もできるようになろう

◀バランスパッドの上でやると効果アップ

Level UP!

バランスパッドの上で行うと、バランスがとりづらくなるため、より体幹の強化に効果を発揮する。足場の悪い砂場などでもやってみよう。

Menu 034 ウオーターボールトレーニング②

男子4kg
女子3kg
ボード:50回転

▼ やり方

ウオーターボールを持ちながらバランスボードに乗り、旋回させながら前進する

ポイント

骨盤を回す 重心は 動かさない

メディシンボールでも代用可能だが、ウオーターボールを持つことで、さらにバランスをとるのが難しくなり、体幹の強化に効果を発揮する。骨盤をしっかり回さないと前進しない。頭、重心の位置は動かさずにピッチ（脚の回転）を回そう

ワンポイントアドバイス

2人1組で競争意識を持ちながらやると効果アップ。東京高校では、練習中でもなるべく試合と同様に“勝敗”を意識させながら行っている。

50回転というのにも意味がある。100mのピッチ（脚の回転数）は、男子のトップ選手が40～50歩、女子が50～60歩だ。レースを想定して50回転で行う。

Menu 035 懸垂

前　5回
後ろ　5回

▼やり方

腕をしっかり伸ばした状態から胸まで引き上げる形（前）と、首の後ろに鉄棒がくる形（後ろ）での引き上げを行う

◀下ろしたときは必ず腕を真っすぐ伸ばすこと

ポイント

必ず腕を伸ばす

腕振りのための懸垂。ヒジを一度真っすぐに伸ばして、反動をつけずに行うこと。なるべく、前をやったあと、降りずに、そのまま後ろに移行する

Level UP!

"腕振り"をしっかり

◀加速の局面、そして競り合いになったとき、大事になるのは腕振り

東京高校では"腕振り"を重要としている。「短距離だけでなく、中・長距離でも、最後に競り合いになったとき、粘りを生むのは腕振り」。腕振りに必要な肩甲骨回りの柔軟と筋力の向上に最適な練習。補強にも取り入れよう。東京高校では、女子部員でも必ず懸垂をできるようにトレーニングする。

アップドリルも動きづくりのひとつ。体幹をつくり、もも上げ、接地、腕振りなど、パーツで練習しているが、すべては走りのフォームにつながっていることを念頭に入れて行わなくては、つながりを持たず効果はない。この練習が、走りのどの部分につながってくるのか、を意識することで練習の効果が発揮される。

ワンポイントアドバイス

いつも"勝負"を意識

選手に常に意識させているのが"競走意識"だ。単純な練習でも1対1の勝負にすることで、選手に試合をイメージさせながら練習に取り組ませることができる。

Extra

ケガをしている選手の補強にも!

走練習に入る前に行う。また、ケガをしている選手の補強としても最適だ。

パワーステップトレーニング

ねらい

動きづくり　股関節回りの強化と柔軟性向上

難易度	★★★★★
時　間	10分
目　的	ウオーミングアップ、補強

» 主にねらう能力

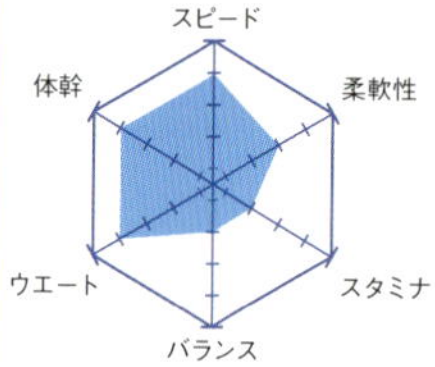

パワーステップ

足首同士が負荷のかかるゴムチューブで繋がれるパワーステップを着用して動きづくりを行う

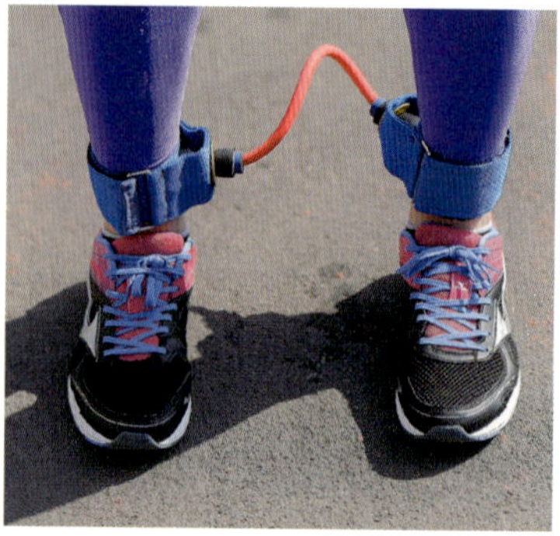

ライト…女子
ミディアム…男子
ヘビー…投てきの
　　　　年代トップ選手
20m × 1 本ずつ

なぜ必要?

自分にとってベストなフォームを追求するためには動きづくりが不可欠

東京高校では、パワーステップを着用しながら動きづくりを行うことで、体幹をつくり、走りに必要な筋力の強化にもつなげている。

ここに注意!

» 軸を意識して、姿勢（骨盤）を真っすぐに。負荷に負けて猫背になったり後傾したりしないように

» 上半身と下半身の連動を意識する。脚だけ、腕振りだけ、と先行しないように

» 負荷がかかっているため、あえてゆっくり動いて静止できちんと止まることで体幹をつくれるようになる

ワンポイントアドバイス

無理な負荷より、回数ができる負荷で

脚力にも個人差があり、強い負荷をかけすぎるとケガにつながる。大事なのは負荷の強さではなく、ちょうどいい負荷で数を多くこなすこと。「少しつらい」程度の負荷をこなすことで強化が進む。これはウエートトレーニングの考え方と同じ。ＭＡＸを伸ばし、競うのではなく、走るために必要となるしなやかな筋力アップを目指そう。

Menu 036 開脚(前)

▼ やり方

股関節を前後に広げ、大きく１歩踏みだし、後ろ脚のヒザを地面につけるくらいまで沈めて、静止、を繰り返して前進する

静止！
ゴムは戻ろうとするので抵抗する

静止！
軸はブレない

ポイント

しっかり抵抗して静止

骨盤を前傾、後傾させず、頭までしっかり軸をつくる。腕、股関節を大きく連動させる。パワーステップが戻ろうとするが、しっかり抵抗して静止できるように体幹を意識する

Menu 037 開脚(後ろ)

▼ やり方

開脚しながら後ろに進んでいく

◀前に進んだときと同じく、腰を落としたところでしっかり静止する

ポイント

バランスを崩さない

後ろに進むのはバランス感覚や接地の感覚が難しい。それによって体幹の強化につながる。バランスを崩さないことを意識しよう

Menu 038 もも上げ

▼ やり方

腕振りと股関節をゆっくり大きく動かす。ヒザを骨盤よりも上に、「グーっと」高く上げ、一瞬静止する

◀ももを高く上げたところで静止する

ポイント

軸足から頭まで真っすぐに

軸足から頭まで、真っすぐに。地面を押して、骨盤からももを大きく動かす感覚を持ちながら大きく動かす

Menu 039 カカト引きつけ

▼ やり方

細かくピッチを刻み、タイミングを合わせて左右交互にカカトをでん部（お尻）に素早く引きつける

◀カカトをお尻に引きつけるようにしながら前に進む

ポイント

ゴムの反動に負けない

引きつけたときに、ゴムが戻ろうとしてバランスを崩しやすいが、左右にブレずに、真っすぐ姿勢を保とう

Level UP!

パワーステップをつけて引きつけ動作を素早く行うことで、走るときの接地直後の一歩が速く出るようになる。

Menu 040 スロープスタート

乗り込みからのフロート走（流し）
60m

▼ やり方

パワーステップをつけた状態で、スロープ（坂道）を利用しての加速走から、フロート（流し）を行う

◀スロープを利用して加速。脚が後ろに流れないように前に進む感覚をつかむ

ポイント 前に進む感覚をつかむ

これまで動きづくりのまとめとして、感覚を大事に走る。パワーステップをつけることで、自然と後ろ脚が流れず、しっかりと引きつけて切りかえしができる。前に前に進む感覚をつかむこと。脚が進むからといって、重心が遅れないように、上半身、腕振りとの連動を意識しよう

Level UP!

スプリンターの悩みの多くに「脚が後ろに流れる」というものがある。パワーステップをつけると、脚に重心が乗り込んだとき、後ろ脚が自然と前に引きつけられて改善できる。

ウオーミングアップまとめ

ここまでの練習をこなしてわかる通り、ウオーミングアップといえども、ただ体を温めるだけの目的だという考えは捨てよう。ポイントは2つ。1つ目は「体をイメージ通りに動かすこと」だ。そのためには、末端の手先や足先だけ動かすのではなく、体幹をつくり、下半身なら骨盤から、腕振りなら肩甲骨から、柔らかく、大きく動かせるようになろう。

2つ目は、「常に走り（投げ、跳躍）を意識する」ということ。この動きが自分の専門種目のどんな動きにつながっているのか、ということを常に考えながらウオーミングアップから集中して行えば、毎日の練習の効果が上がること間違いなし！

パワーステップは締め！

ウオーミングアップの締めに行うのがパワーステップ。繰り返し意識している、重心、股関節の柔軟、体幹、腕振りなど、パーツごとに行って、ここで全体の走りにつなげよう。スプリンターの悩みの多くに「脚が後ろに流れる」というものがある。パワーステップをつけると、脚に重心が乗り込んだとき、後ろ脚が自然と前に引きつけられて改善できる。また、男子棒高跳の元世界記録保持者のセルゲイ・ブブカ選手（旧ソ連）も、このパワーステップをつけた助走練習（ポールを持った状態）をよく行っていたという。

第2章

短距離・中長距離

短距離、中長距離、リレーといった
走り系種目に必要な練習を紹介していきます。

スタートドリル

ねらい
スタートの姿勢づくり ステップワーク、ピッチの強化

難易度	★★★～★★★★★
時　間	10～15分
距　離	30m
目　的	短距離専門練習

» 主にねらう能力

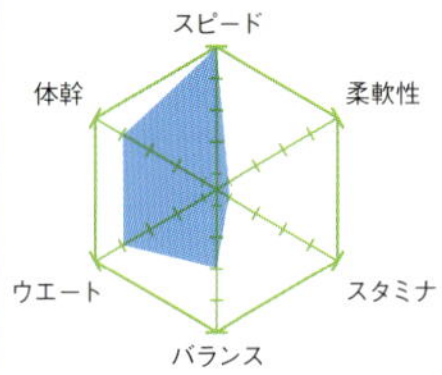

なぜ必要？

短距離で重要になるスタートの練習

低い姿勢を保ち、加速局面にスムーズに入るためには、ロスの少ないフォームと、１歩ずつ加速していく接地とパワーが必要となる。スタートに必要な動きを体に覚えさせよう。

ここに注意！

» 姿勢に注意。猫背になったり、後傾したりしないように

» 重心移動のイメージを感じながら行う

» 接地のタイミングと反発をつかむ

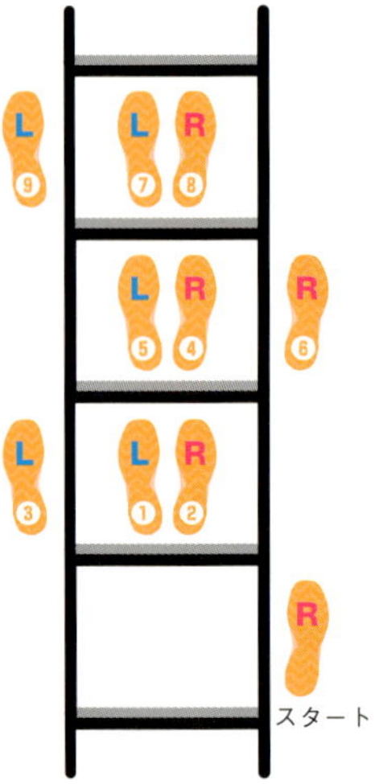

Menu 041 ラダーステップ

▼やり方

1. ラダーを引き、細かく左右にステップを踏みながら進む（図参照）
2. その後、20～30mほどダッシュしてフロート（流し）

ポイント

接地のタイミングをつかむ

接地のタイミング、キレ味を大事に。スターターを置き、２人１組で競うように行う。これまでアップドリルで意識してきた姿勢、重心移動などに注意しながらステップを刻もう

▲２人１組で競争することでより練習の効果を上げることができる。ただし、ステップは正確に踏むように

Level UP!

２人１組で勝負

Menu 042 パワーダッシュ

▼ やり方

1 ２人１組で行う
2 スターティング･ブロックを使ったスタート練習で、ゴムチューブを腰に巻き、パートナーに引っ張ってもらい、負荷をかける
3 15m ほどダッシュするが、負荷は５m ほどまでかけ、負荷が外れた瞬間のスピード感を覚える
※この練習からスパイクを着用

腕振りを意識
接地時の乗り込みで
重心をしっかり乗せる
しっかり
負荷をかける

▲負荷をかける人もしっかりついていく。負荷をかけすぎないように気をつける

ポイント 加速のイメージを感じる

姿勢を低く保ったスタート練習。後ろから負荷をかけることで、「グッグッグッ」と１歩ずつ加速していくイメージが大切になる。負荷は、走者のフォームが崩れるほど強くしない

Menu 043 ダイナマックスを使ったスタート

▼ やり方

1 ２kgのダイナマックスをお腹の前で持ち、スタートの後ろ脚となるほうのヒザで真っすぐに蹴り、そのまま 30m 付近までダッシュしてフロート（流し）

スロープを利用する。
ここでスピード感を出す

ポイント ダイナマックスを重心だとイメージする

ダイナマックスを重心だとイメージしよう。陸上競技に重要なのは重心移動。ダイナマックスを前に前に進め、蹴り上げるときに、重心が一気に素早く移動するように意識しよう。また、上半身との連動も大事になる。腕を引く動作と、ヒザを出す動作をしっかりと連動させる。重みのあるダイナマックス蹴ることで、下半身のパワーアップにも効果を発揮する

バリエーション

▼ やり方

1. 2kgのダイナマックスを、「イチ、ニ、サン」と素早く3回キックし、3回目でスタートするイメージで行う
2. 30m 付近までダッシュしてフロート。右脚が後ろの場合は、「右、左、右」と蹴る

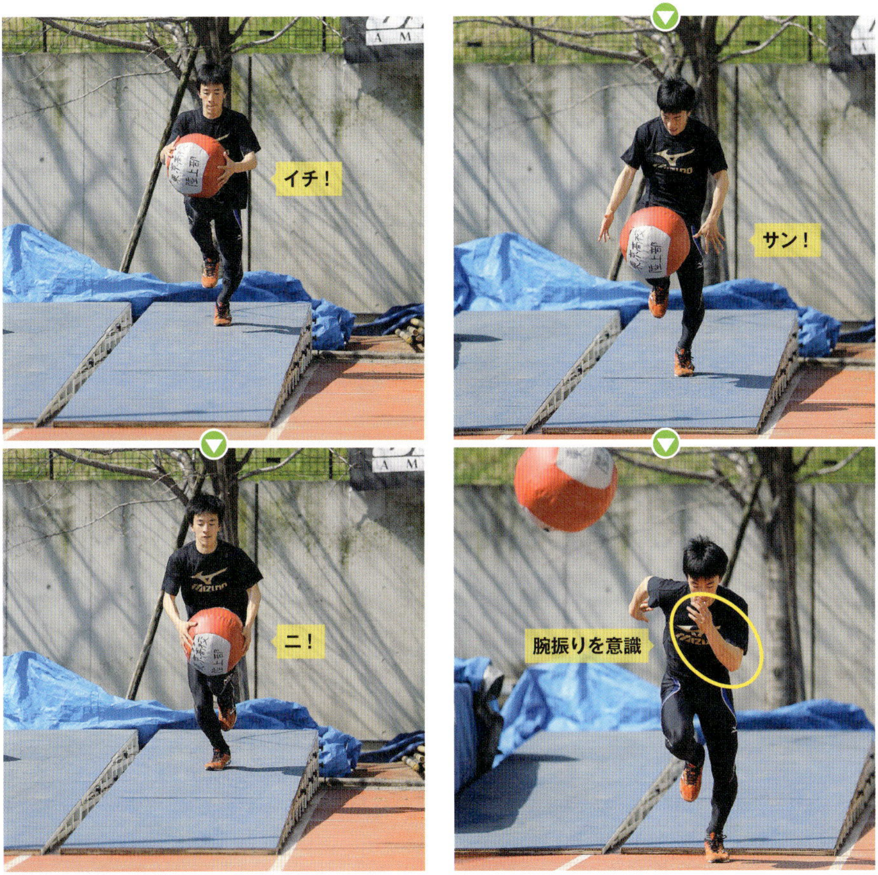
イチ！
サン！
ニ！
腕振りを意識

▲素早く3回キック。この時も重心移動をしっかり意識する

Level UP!

ギアをたくさん持とう

トップ選手は車と同じようにスピードを切りかえる“ギア”をたくさん持っている。ギアが多いほど当然トップスピードは高くなる。ギアの切りかえをするためには、いち早くギアを1速→2速と切りかえる必要がある。スロープでの練習でギアチェンジの感覚を身につけよう。

ワンポイントアドバイス

スロープでスピード感を

スロープからのスタートをすることで、トップスピードになるまでの間隔を短くする。

フレキミニハードルドリル

ねらい

ピッチとストライドの向上 接地の反発をもらう イメージづくり

難易度	★★★★★
時間	10〜15分
距離	助走５m→ハードル 20〜30m→フロート
目的	短距離専門練習

» 主にねらう能力

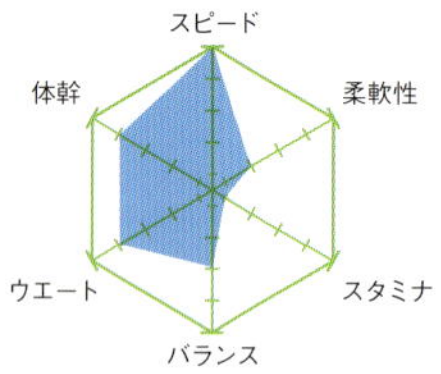

Menu 044 ミニハードル

150cm×12台
（男女共通）

▼ やり方

1 ミニハードルを図のように配置して、走り抜ける
2 ①を男女共通で行ったあとに、女子が②、男子が③を行う

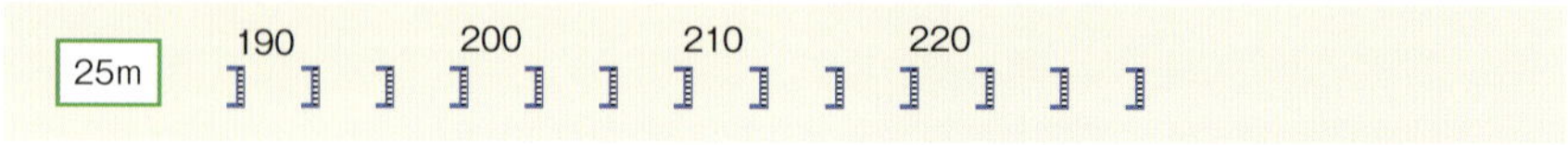

①25m時点から、190〜220㎝間隔×３ずつ

②30m時点から、200〜220㎝間隔×３ずつ

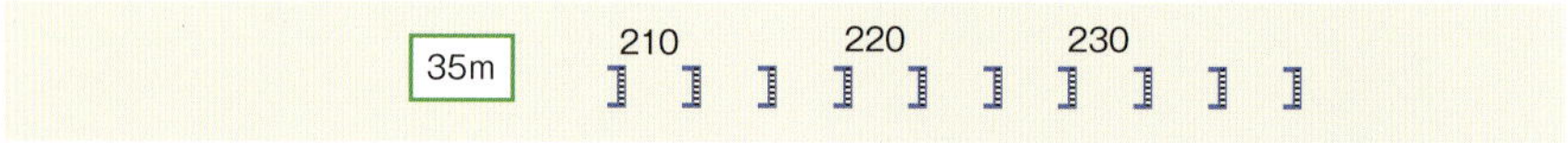

③35m時点から、210〜230㎝間隔×３ずつ

! ポイント **素早く脚を回転させる**

狭いハードル間で、いかに素早く脚を回転できるか。詰まってしまうということは、自分で「走ってしまっている」状態。脚を素早く引きつけて、ピッチを上げる。その上で、接地時に反発をとらえられるようにイメージしよう

Arrange

①を男女共通で行ったあとに、女子が②、男子が③のインターバルで行う。

なぜ必要？

加速局面でのスピードにつながる

ハードルを目印にすることで、ストライドを意識しながらピッチ（回転数）を上げることができる。加速局面で、スピードを上げていく練習となる。

ここに注意！

- 接地はつま先ではなく、拇指球（ぼしきゅう＝足の親指のつけ根）でしっかりと反発をもらう。ヒールアップも忘れずに
- 前のめりになったり後傾したりしないように、姿勢を保つ
- 目印（ハードル）を意識し過ぎない

Arrange

3ウエーブで！

女子

170cm×3台 → 180cm×3台 → 190cm×3台

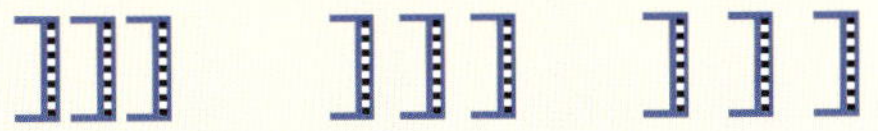

男子

180cm×3台 → 190cm×3台 → 200cm×3台

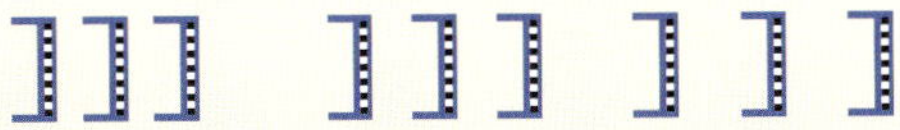

バリエーション

東京高校の走練習のほとんどは「３ウエーブ」で行う。なぜ“３”かというと、100mにしても、200mにしても、レースはすべて３つに分けられるという考えから。
①スタートから加速　②中間走　③ラストスパート

①で加速に乗り、②では一度スピードは定速もしくは減速する、そして③では最後にもう一度スピードを上げる、というイメージ。常にレースを意識して練習に取り組もう。

ねらい

ストライドアップ 接地の反発をもらい、最高スピードまで上げる

難易度	★★★☆☆
時　間	10～15分
目　的	短距離専門練習

» 主にねらう能力

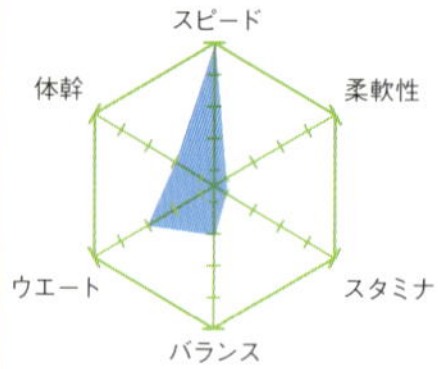

Menu 045 プレート走①

女子は－10cm

▼ やり方

1. 最初はスタートから 25 mの位置に 1 台目のプレートを設置し、190cm間隔で 3 台、200cm間隔で 3 台、220cm間隔で 3 台というように用意
2. プレートを目印に駆け抜ける。慣れてきたら徐々にスタートから 1 本目のプレートまでの距離を伸ばし、最高スピードまで上げてからプレートに入るように近づけていく（アレンジを参照）
3. 慣れないうちは、①を 3 本など行うが、ストライドが出てくると、①→②→③を 3 セットなど、また、逆に①に戻るなど応用する

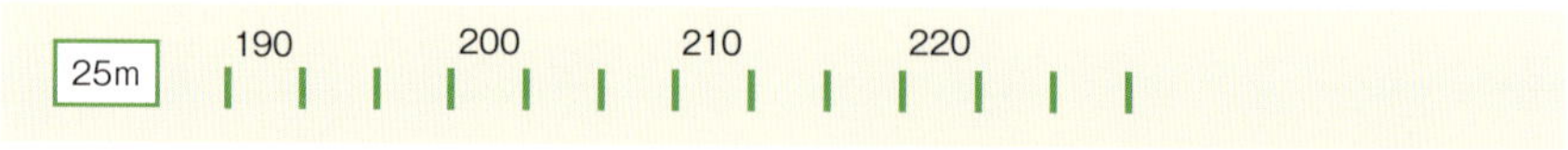

① 25m時点から、190～220cm間隔× 3 ずつ

▲姿勢を真っすぐにしたままトップスピードに

ポイント

トップスピードでピッチとストライドを保つ

トップスピードでいかにピッチとストライドを保てるか。姿勢を真っすぐに、拇指球で接地して地面の反発をもらおう。しっかりと加速した状態でプレートに入らないと最高スピードを出す練習にならないので注意

なぜ必要？

ストライドを出して スピードを上げる練習

フレキハードルと違い、次はストライド（歩幅）を出し、最高スピードまで上げる練習となる。

▲足もとにあるプレートを意識して走ろう

ここに注意！

» **接地時に地面の反発を利用する。スピードを上げた（加速した）状態でプレートに入っていく**

» **プレートを意識して直前で刻んだりしないこと。刻んでしまうと、減速した状態でのプレート走となってしまう**

Arrange

3ウエーブで！

プレートの距離が変わるのは、フレキハードル同様に３ウエーブを意識するため。100mよりも短い局面でも、100mを意識して体を動かすことができるようになろう。

②30m時点から、200～220㎝間隔×３ずつ

③35m時点から、210～230㎝間隔×３ずつ

参考！ スプリントドリルを走りにつなげる 大嶋選手、エドバー選手

これまで行ったウオーミングアップからスプリントドリルまでを“つなげる”のが大事。個別に練習しても、最後はスムーズに短距離のフォームにつなげないと意味がない。ドリルなどの動きが「一番うまい」のが、大嶋健太選手とエドバー・イヨバ選手。2、3年時にインターハイ100mを連覇した2人。やはりドリルの動きの良さがタイムに直結しているという。

▼スタートの加速から重心移動、姿勢の良さや腕の振りにも注目

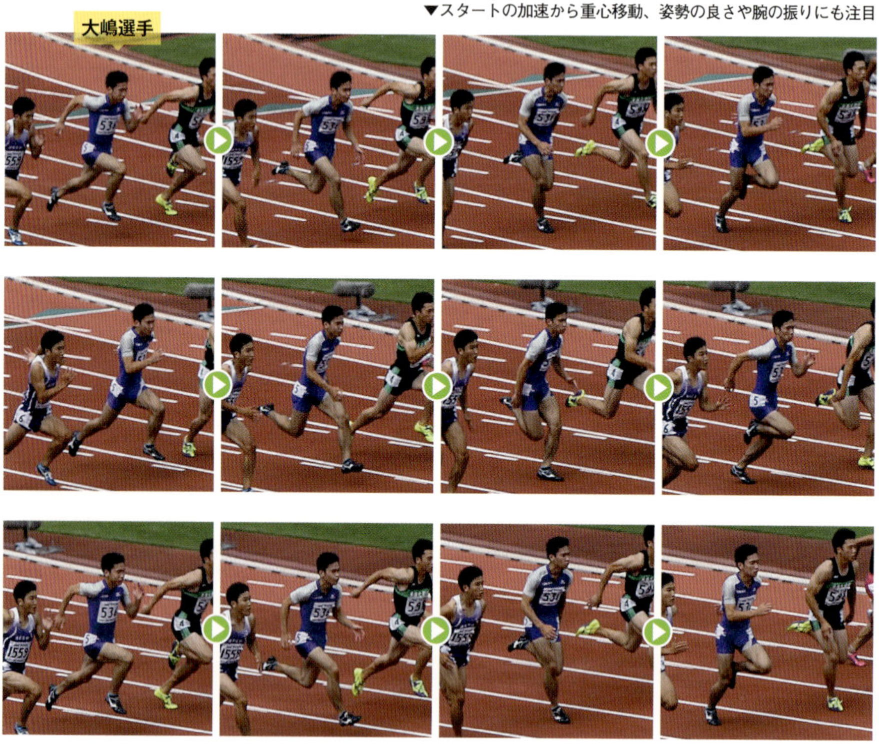

Level UP!

ドリルを走りにつなげる!

ウオーミングアップ、短距離ドリルで行ってきたことを、走りにつなげるのが重要。そのため、練習中は常に走りを意識して、「今やっている練習が走りのどの部分につながるのか」と考えながら日々の練習に取り組もう。

東京高校→日大
エドバー・イヨバ選手
2014・15年全国インターハイ
100m優勝　167㎝・55kg
自己ベスト：
100m
高1　11秒95
高2　11秒80
高3　11秒66＝高校歴代7位
200m
高1　24秒60
高2　24秒63
高3　24秒75

東京高校→日大
大嶋健太選手おおしま・けんた
2014・15年全国インターハイ
100m優勝　173㎝・64kg
自己ベスト：
100m
高1　10秒48＝高1歴代3位
高2　10秒37＝高2歴代6位
高3　10秒28＝高校歴代8位
200m
高1　21秒25＝高1歴代5位
高2　21秒30
高3　20秒99

▼中間走では前への推進力があるのがわかる

《 ここに注目！ 》

重心移動、姿勢の良さ、上半身と下半身の連動、腕振り、接地の瞬間の逆脚の切りかえ…これまでのドリルが大嶋選手、エドバー選手のスピードを支えている。

リレーバトン練習

ねらい

スムーズなバトンパスの修得

難易度	★★★☆☆
時　間	10分
目　的	短距離専門練習

» 主にねらう能力

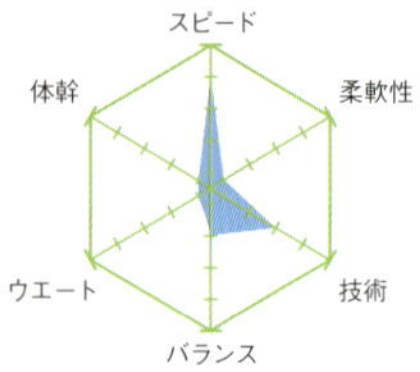

((ここに注目！))

東京高校は、男子4×100mリレーで2011年に当時の高校記録となる40秒02をマーク。女子も2015年に44秒48のアジアジュニア新記録、高校新記録をマークするほど、リレーの強化に重点を置いている。個々の走力はもちろん、バトンパスのタイミングも普段から行っている。

Menu 046 4×100mリレーのバトンパスドリル①

▼ やり方

1 1走→2走→3走→4走で短い間隔を空けて一斉に走る。短い間隔で、声をかけながら後ろ（1走）から前へとバトンを渡していく

ポイント

スピードよりタイミング

渡すときのタイミングは、出し手が計って声をかけよう。ここでは、速いスピードではなく、タイミングを合わせて走る・渡すということが重要

ワンポイントアドバイス

グラウンドが狭くても大丈夫

4人で短い間隔で走ることで素早いテンポでバトンをつなぐ。グラウンドの狭いスペースで行え、試合時の限られた時間でもしっかりと調整できる。

渡すときの
声かけを大切に
のんびりやっても
効果は少ない
心を一つに！

▶４人が一定の距離を保ちながら走ってバトンを渡していく

Menu 047 4×100mリレーのバトンパスドリル②

▼ やり方

1 走り出して 20 ～ 30m 付近にマーカーを置き、目印のところでバトンを渡す

声かけの
タイミングを大事に
正確に目指した
ポイントで渡す

▲目印のマーカーでバトンを渡す

ポイント ねらったところで渡す

まずは、正確に、落ち着いて、ねらったところでバトンを渡せるようにしよう

Menu 048 4×400mリレーのバトンパスドリル

▼ やり方

1 2人1組になり、2チームで行う
2 マーカーを設置し、目印にしてねらった位置で渡せるように

Level UP!

競争を意識する

どっちが速いか、どっちが正確に渡せたか、と競うことで競争意識を高められる。

ポイント

バトンを見てもらう

4×400m リレーの場合は、バトンをもらうときは、しっかりとバトンを見て受け取ろう。その際、失速は最小限に抑えられるよう、後ろを向いても軸（体幹）はブレないようにしよう

声かけを大切に
マイルはしっかり
バトンを見よう

▶目印のマーカーでバトンを渡す。このとき、受け取る側はバトンをしっかり見る

中距離向け坂道トレーニング

難易度	★★★★☆
時　間	10〜15分
目　的	短距離・中距離専門練習

》主にねらう能力

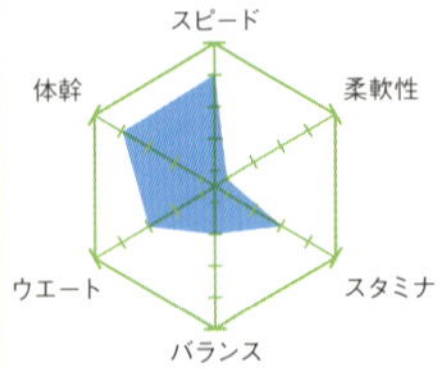

ストライドアップ

ねらい

接地の反発をもらい、最高スピードまで上げる

なぜ必要？

ヒールアップしての接地、腕振りと下半身の連動

坂道でトレーニングすることで、自然とヒールアップ（カカトを上げて）接地にでき、拇指球（ぼしきゅう）で地面をとらえることができる。また、腕を振らないと坂道を上がれないため、腕振りと下半身の連動をイメージしやすい。腸腰筋（ちょうようきん）が引き上げられ強化される効果もある。

ここに注意！

》ヒールアップし、接地はつま先ではなく、拇指球で反発をもらう

》体幹をつくり、力まず、腰の位置を高く保つ

》肩を上げたり、頭を前後させない

Menu 049 もも上げ

▼ やり方

1. 20m を 40 秒もも上げ。次の 20m はレストで 10 秒かけて歩き、また 20m40 秒もも上げ…と3回続ける
2. 腰の位置を高く保ち、腕振りとももも上げのタイミングを合わせる

▲40秒もも上げの後は20m歩いて乳酸を流す。目印のマーカーから再びもも上げ

▶視線を真っすぐにカカトは上げる

ポイント 最後は腕振りで乗りきる

●頭の位置（視線）を真っすぐに　●ヒールアップして拇指球で接地する　●腰の位置を高く保つ

40秒は、乳酸が貯まり始める時間。10秒のレストも重要で、しっかりと乳酸を流す。速く進み過ぎて次の20m のスタートでじっとするのではなく、10秒間で20m をゆっくり進めるという感覚を養うことも大切。レースを意識して3ウエーブをイメージし、最後の20m でビルドアップする感覚で行う。最後はきついので、腕振りで乗りきる。

◎短距離は40秒を10秒に設定して行ってみよう！

20m	20m	20m	20m	20m
40秒もも上げ	10秒歩く	40秒もも上げ	10秒歩く	40秒もも上げ

Menu 050 坂ダッシュ

▼ やり方

1. 最初の20mはスピードに乗り、一度力を抜いて、もう一度上げる
2. 中間走では、全力ではなく、ある程度高いスピード（80%）を保ち、一度フロートして、最後にビルドアップで上げる

マーカーを目印に中間走では80%のスピードを維持して最後に上げる

ポイント スピードを切りかえる感覚を覚える

最初は前傾してしっかりとスピードを出す。中間走では力を抜き、リラックスしながらも接地を意識してスピードを持続して進む。最後も、しっかり腕を振りながら、もう一度トップスピードまで上げる。試合中のようにスピードを切りかえる感覚を覚える。強い選手は、客観的に見て、明らかにスピードのアップ・ダウンがわかるくらい切りかえができる

×3セット

20m	15m	20m	15m	20m
ダッシュ(100%) →	フロート →	スピード維持(80%) →	フロート →	ビルドアップ(100%)

Menu 051 坂ランニング

▼ やり方

1. 100m の上り走ではヒールアップを意識して、加速していく
2. 下りで一度乳酸が貯まった脚をリラックスさせ、これを３本繰り返す
3. 最後の１本を上がり切ったところで、頂上で少し乳酸を抜き、下り 100m を一気に駆け下りる

400m 専門→ 100m × 4 本
800m 専門→ 100m × 8 本

▲まずは100mの上りの走り

▲上ったあとは歩いて100m下る。これを３本繰り返す

▲３本目を上りきったら頂上で乳酸を少し抜く

乳酸を放出
スピード感を大切に

▲最後は100mを一気に駆け降りる

ポイント

下りは全力走ではなく、スムーズに

上りはこれまでのもも上げ、坂ダッシュで意識した姿勢を保って加速する。下りでは、回転数を上げるイメージを持つ。下りで腕を振り過ぎると後傾してしまう。地面に対して体が垂直になるように走る。貯まった乳酸を一気に放出するイメージで、全力走ではなく、スムーズに坂を駆け下りる

短距離＆中距離まとめ

すべての練習は走りにつなげないと意味がない。どの練習をする際も、この動きが走りのどこにつながってくるかイメージしないとつながってこない。接地、腕振り、重心移動、姿勢など、ウオーミングアップから走練習まで１本の線でつながっている。また、東京高校で繰り返し指導されているのは、「試合をイメージする」ということ。たとえば30mのミニハードル走も、100mに換算して、３つの局面を意識しながらスピードを切りかえる。どの動きも基礎的なことだが、その繰り返しが自己ベストを生んでいる。

また、中距離で大切なのは、ヒールアップした接地で地面の反発をとらえて推進力を得ることと、スピードの切りかえの感覚。400mや800mでは、スタート、中間、ラストと、激しいスピードの変化が要求される。練習から、レースを想定し、走りの感覚だけでなく「時間」と「切りかえ」の感覚をつかもう。

山梨インターハイ100m優勝
大嶋健太選手＆エドバー・イヨバ選手
練習メニュー

2014年のインターハイ100mで優勝した２選手の、インターハイ決勝までの練習スケジュールを特別に公開！　狙ったレースにピークを合わせること（＝ピーキング）が、パフォーマンス発揮において重要だ。ぜひ、狙った大会へのピーキングの参考にしよう。

7月	
23日	スプリントドリル　100m×３本
24日	休み
25日	スタート30m×２本、100m×１本
26日	スタート30m×２本、80m×１本
27日	スプリントドリル
28日	休み
29日	スプリントドリル、バトンパス流し80m×２本
30日	４×100m予選
31日	100m予選・準決勝・決勝　優勝！

第3章

ハードル

リード脚、抜き脚の基本となる正しい動作を覚えて
ハードリングできるようになろう。
そして、自分の適正なスピードとストライドを覚えましょう。

歩行ドリル

パワーポジションの獲得 姿勢づくり

ねらい

難易度	★★★★★
時間	5分
回数	シーズン中　5台 冬期練習　7台
距離	男子　840mm 女子　762mm 5足長(ハードル間)
目的	ウオーミングアップなど

» 主にねらう能力

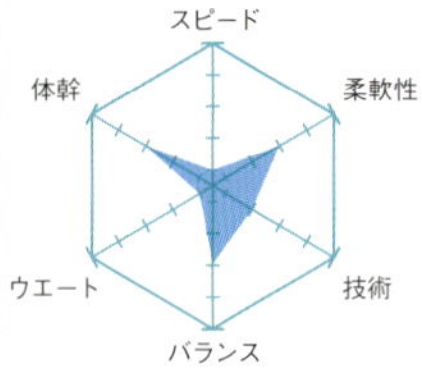

Menu 052 歩行ドリル・リード脚&抜き脚

▼ やり方

歩きながら、テンポ良くリード脚、抜き脚と進んでいく

ポイント

切れとスピードを意識

パワーポジションを意識して、地面の反発をとらえにいく。跳びこえるイメージではなく、動きのキレとスピードを意識して行う。姿勢は猫背にならないようにする

パワーポジションとは!?

スポーツ用語で、運動時にもっとも力を発揮できる姿勢、構えのこと。

リード脚

▲リード脚（写真は右）を意識して進む

なぜ必要?

ハードルの基本となる動きづくり

ハードルの基本となる、リード脚・抜き脚を、歩行しながら丁寧に行い、動きづくりとする。専門練習に入る前のウオーミングアップとして行うことも多いが、これも練習の一つだということを忘れずに。

ここに注意!

» 接地時にパワーポジションに乗る。
脚の垂直線上に重心がくるように着地し、反発を得る

» 上に跳ぶというよりは、上から下にとらえに行くイメージ

» 前傾したり後傾したりしないようにする

» 両脚ともリード脚、抜き脚をできるようになろう

抜き脚

◀今度は抜き脚
(写真は左)を意識して行う

リード脚…ハードルを跳びこえる際に
先に出す脚
抜き脚　…踏み切り脚となり、折りたたんであとからこえる脚

歩行ドリル

ねらい

素速い重心移動のなかでパワーポジションの獲得

Menu 053 歩行ドリル・ツーステップ

難易度	★★★★★
時間	5分
回数	シーズン中　5台 冬期練習　7台
距離	男子　840㎜ 女子　762㎜ 10足長(ハードル間)
目的	ウオーミングアップなど

» 主にねらう能力

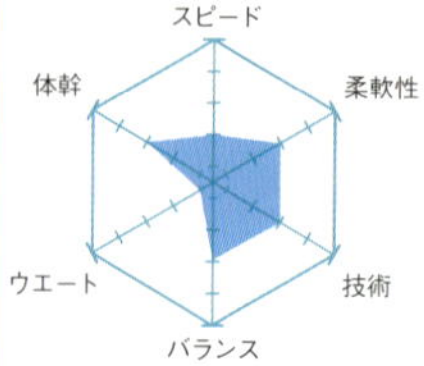

▼ やり方

インターバル間は2歩で、スキップに近い動きでテンポ良く。
1、2とインターバルを刻み、3でハードルに向かう

ポイント

次の動きにつなげる

リード脚が下りた瞬間に次の動きができるよう、パワーポジションを意識して、地面の反発をとらえにいく。跳びこえるのではなく、坂道をすーっと下りていくイメージ。ハードルをこえたリード脚を後ろに引き戻してしまうと、次の動きにつながらない

リード脚、抜き脚の基本動作はもちろん、跳ぶのではなく、パワーポジションに乗り込んでいって地面をとらえる意識を持って、以降の練習に取り組もう。

リード脚

▲スキップに近い感じでテンポよく進む

なぜ必要？

接地のタイミングを計る

歩行よりもスピードが上がる。振り下ろしも早くなるため、地面をとらえる接地のタイミングを計ろう。

ここに注意！

» 素早い接地でもパワーポジションを忘れずに

» 前傾したり後傾したりしないよう姿勢に気をつける

脚だけ前に行き、状態のバランスが崩れ、パワーポジションが取れていない

抜き脚

▲降りたときにしっかり地面をとらえることが大事

1 歩跳び

ねらい

よりスピードを付けてパワーポジションの感覚をつかむ

難易度	★★★★★
時　間	5分
回　数	シーズン中　5台 冬期練習　7台
距　離	男子　840mm 女子　762mm 10足長(ハードル間)
目　的	ウオーミングアップなど

» 主にねらう能力

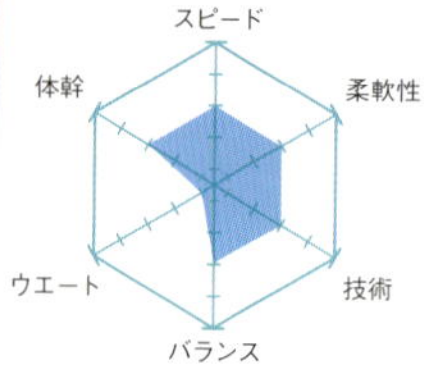

Menu 054 1歩跳び(サイド·中央)

サイド ▼ やり方

まずは、歩行や2ステップのようにハードルの横で行う

中　央 ▼ やり方

ハードルの中央で行い、より実戦に近い動きにしていく

ポイント

地面への乗り込みを意識

跳ぶイメージを持つと、ハードル前で減速してしまい、接地後の次の動作も跳ぶための準備に入ってしまう。ハードルの低い女子100mHでは、特に地面への乗り込みを意識して行おう。男子110mHでは、ある程度高さは必要だが、イメージすることは同じだ

サイド

▼ハードルの横でやってまずは感覚をつかむ

中央

▲サイドで感覚をつかんだら実際のレースのようにハードルの中央で

? なぜ必要？

実戦のハードル動作に近づける

２ステップより、さらにスピードを上げ、徐々に実戦のハードル動作に近づけていく。ただ、あくまで跳ぶのではなく、パワーポジションへの乗り込みの連続を行っていくイメージを持とう。

× ここに注意！

» パワーポジションに乗り込んだあとの動作を素早く行う

» インターバルが1歩なので、距離はあるが跳ぼうとしないこと

» 前傾したり後傾したりしないようにする

リード脚が下りた瞬間の体の姿勢見本

腰が高い位置で保たれ、パワーポジションに入って反発をとらえられる状態

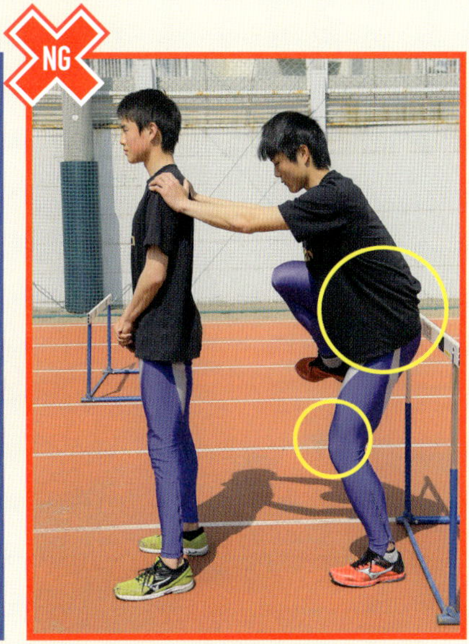

跳んでしまうと、着地したときに腰が落ち、ヒザが曲がってしまいパワーポジションを取れない

この基本イメージを持ち、次からの走りながらの練習に入ろう

スプリントハードル

ねらい

よりスピードをつけてパワーポジションの感覚をつかむ

実戦に近い動き、スピードを体感する。乗り込みとスピードを意識しながら行おう。

難易度	★★★★
時　間	20分
目　的	走りを入れたハードル本練習

» 主にねらう能力

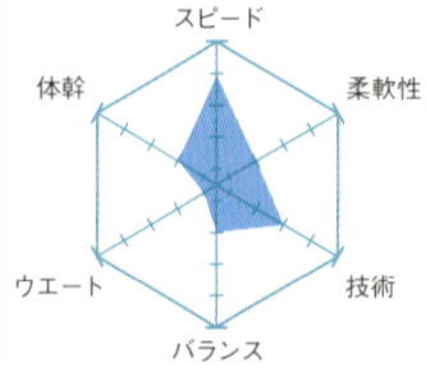

Menu 055 3歩跳び

▼ やり方

スタートからの距離は、正規の距離。その前後60～70㎝にフレキシブルハードルを置く。フレキハードルの真ん中から次の真ん中までが8mで、全部で3台のイメージとなる。インターバルは3歩のため、スピードをしっかりつけてハードルに入り、3台こえたらフロート

フレキハードルとは!?

ハードルバーの真ん中が割れていて、当たってもケガをしないハードル。

ポイント

インターバルの3歩を速く走る

ハードリングで空中から下りるときの動作は、パワーポジションをとらえる基本練習と結びつけること。低いバウンディングに近いイメージ。跳びこえるのが目的ではなく、インターバルの3歩をいかに速く走るか、そのためにはどういう着地・接地をしなくてはいけないか、を考えながら行おう

・接地時に重心を乗り込んでいく　・着地時に減速しない

ここに注意！

- 頭パワーポジションに乗り込んだあとの次への動作を早くする
- 前傾したり後傾したりしないように姿勢は保つ
- 腰を落とさないようにする

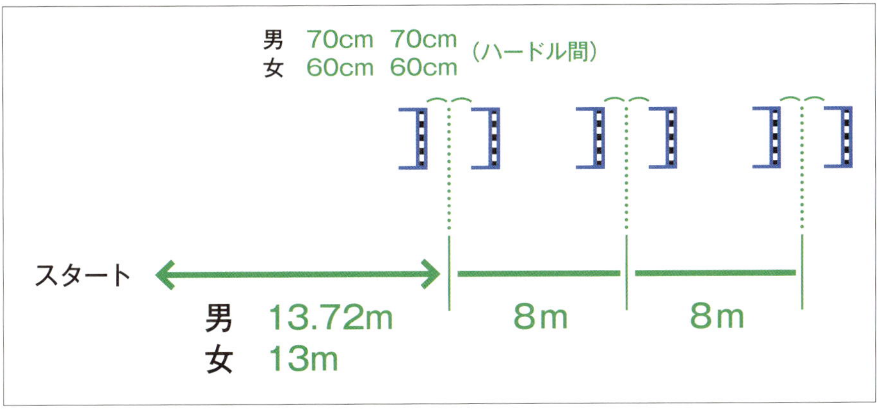

Menu 056 ハードル変化走

▼ やり方

ハードルの高さを変えたなかを走り抜ける。スピードを保ちながらハイハードルにどう入っていくか、次のハードルに入るために、どう接地するかをトレーニングする

ポイント スピード感を持って跳び上がらない

低いハードルでも、ハイハードルを意識し、低いハードルに合わせた跳び方をしない。低いハードルから入って徐々に高くすることで、スピードを上げていきながら跳び、一度高さを下げることで、乗り込みのイメージをもう一度確認し、最後にハイハードルに入る。東京高校ではトラックの距離が短いため、正規よりもインターバルが短い。だが、だからこそしっかりスピード感を持って「跳び上がらない」イメージを持たないと、インターバルで刻んで次のハードルへの動作がスムーズにいかない。この練習でも、どう跳びこえるかではなく、跳びこえるためにはどう接地するか、を最初のハードルドリルでつくったイメージを持ちながら取り組む

Arrange

◉女子の場合は、中学用（72.6㎝）→中学用→100mH（84.0㎝）などで行う
◉中抜き走では、中間の数台を抜いて、スピードを上げて最後のハイハードルに入る。
3台　1台抜き　3台／4台　1台抜き　4台
など、再加速して後半のハードリングに入る。

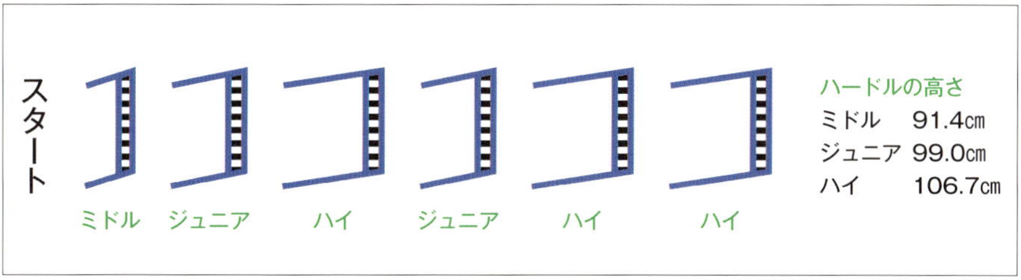

ねらい

逆脚をスムーズに切りかえられる動きづくり

難易度	★★★☆☆
時　間	20分
目　的	400mH本練習

» 主にねらう能力

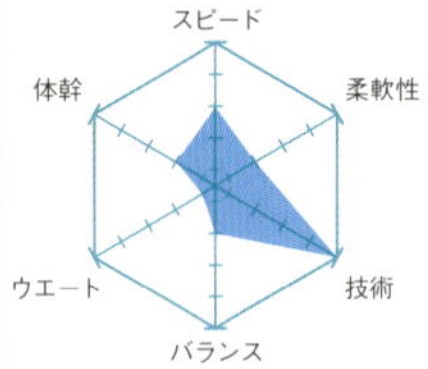

Menu 057 逆脚ドリル

▼ やり方

インターバルは１－２台目、３－４台目は３歩。２－３台目の長いインターバルを４歩で刻み、逆脚に移行する

※シーズンによって距離や台数は変化する。
競技場などでの練習では台数を増やしたり、コーナーで行うのも効果的

ポイント 左右の差をなくす

左右差なく、スムーズに走り抜けるようにしよう。猫背にならないよう、姿勢はハードルドリルと同じように気にしながら行う。接地時のパワーポジションの取り方も同様に

▲脚が入れ替わってもスムーズに跳べるようにしよう

なぜ必要?

逆脚でもうまく跳べるようにする

400mH は 1 周 400m の間に、10 台のハードルがあり、ずっと同じ脚で跳びこえることは難しい。そのため、逆脚で跳ぶ必要性が出てくる。練習で逆脚でもうまく跳びこえられるようになろう。

ここに注意!

» 逆脚でもリード脚、抜き脚をバランス良くできるように

» 接地のイメージは忘れないように行う

Menu 058 マーカー走

▼ やり方

マーカーを自分のストライドに近い間隔で置いているコースで、ストライドを意識しながら走り抜ける

400mH基本歩数	マーカー間隔
18、19歩	1.8〜1.9m
17歩	1.9〜2.0m
16歩	2.0〜2.1m
15歩	2.2m
14歩	2.2〜2.4m

▲ストライドを意識するためにマーカーを設置して走る

ポイント

ストライドを自分で調整

400mH で逆脚に切りかえるとき、ストライドが落ちてきて仕方なくかえるのではなく、自分で計算してストライドを調整しながら切りかえられれば、逆脚でもスムーズにハードルをこえられ、減速を防ぐことができる。スピードを落とさないためには、ストライドを自分で調整できる能力が必要となるため、マーカー走で、ストライドを意識する。短距離練習で行うピッチを上げるためのマーカー走ではなく、ストライドが小さくなってきたときに、いかに自分で調整できるかの技術を習得しよう

ハードルまとめ

ライバルと競ったときや、後半の苦しいときに、速く走ろうと思うとどうしても、力んでしまいストライドは小さくなる。そのため、自分の動きができず、ハードルに脚が合わせられない。自分の適正なスピードとストライドを感覚として磨いておこう。

ハードルは跳びこえようと思うと、どうしても減速してしまう。ハードルをいかに速く跳びこえるかではなく、次の１歩にどう速く下りればいいかを考えてみよう。そうすれば、接地時のパワーポジションを意識でき、次の１歩へスムーズに移行できる。インターバルを速く走り、減速せずに次の１台へと重心を移動させていこう。

〔ハードルはこんな競技〕

ハードル種目には、直線トラックにハードルがある男子110mH、女子100mHの２種目と、トラック１周400mで競う男女の400mHとがあり、すべてハードルは10台。年代によってハードルの高さや、インターバル（ハードル間）の距離が違う。

●一般（インターハイなどの高校世代も実施）

男子110mH　スタートから１台目＝13.72m／ハードルの高さ＝106.7㎝／ハードル間＝9.14m

女子100mH　スタートから１台目＝13m／ハードルの高さ＝84㎝／ハードル間＝8.5m

●中学高学年から高校下級生世代や、ジュニア（19歳以下）の世界大会などで開催

男子110mJH（ジュニアハードル）スタートから１台目＝13.72m／ハードルの高さ＝99.1㎝／ハードル間＝9.14m

女子100mYH（ユースハードル）スタートから１台目＝13m／ハードルの高さ＝76.2㎝／ハードル間＝8.5m

●中学生世代

男子110mYH　スタートから１台目＝13.72m／ハードルの高さ＝91.4㎝／ハードル間＝9.14m

女子100mMH（ミドルハードル、ジュニアハードルと表記する場合もある）スタートから１台目＝13m／ハードルの高さ＝76.2㎝／ハードル間＝8.0m

男女400mH

スタートから１台目まで＝45m／ハードルの高さ＝男子：91.4㎝、女子：76.2㎝／ハードル間＝35m

ハードル種目、特に400mHは為末大さんをはじめ、世界大会で活躍する選手も多く、日本人の得意とする種目でもある！

第４章

跳躍

走高跳、走幅跳、三段跳、棒高跳…
数多くある跳躍種目全体に役立つドリル、
そして種目ごとに使えるドリルに
チャレンジしてみましょう。

走高跳日本記録保持者

醍醐直幸先生　動きづくり

難易度	★★☆☆☆
時　間	10分
目　的	練習・試合前のウオーミングアップ
距　離	10m前後

東京高校で跳躍を指導しているのが、男子走高跳の日本記録2m33を持つ醍醐直幸先生。その醍醐先生が現役時代から、練習や試合前に必ず行っていた動きづくりドリルを完全掲載する。走高跳だけでなく、跳躍ブロックすべてに共通する動きとなるので、ぜひ取り入れよう。

» 主にねらう能力

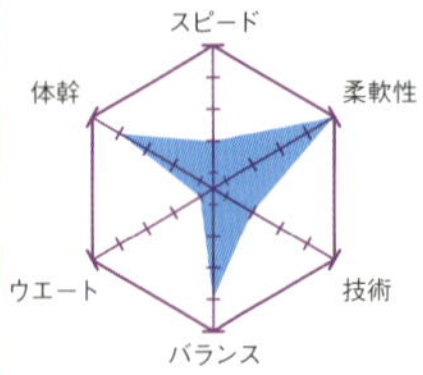

ねらい

体全体の可動域を広げる

共通ポイント!

- » 体の軸（体幹）、重心を意識しながら動く
- » 肩甲骨や股関節回りを中心に可動域を広げる感覚を持つ
- » その日の体の調子や動きの良しあしを感じながら動く
- » 骨盤から動いているか、骨盤が前傾、後傾していないかチェックする
- » 上半身→下半身とほぐし、可動域を広げて動きづくりに入っていく
- » 動き自体はスピードよりも、一つひとつの動作を大きく、ゆったりと丁寧に動かす
- » 跳躍のイメージを描きながら行う

Menu 059 腕を上げてウオーク

ねらい → 肩甲骨の可動域を広げる

パターン①

▼ やり方

手を頭上でそろえ、歩くテンポに合わせて腕を後方に伸ばす

パターン②

▼ やり方

片腕ずつ、歩きに合わせて、上の腕は頭の後ろに大きく伸ばし、下の腕は腰よりも後ろに持っていく

Menu 060 脚の振り上げ

ねらい ➔ 股関節の可動域を広げる

振り上げ① ▼ やり方

上半身と連動させて脚を大きく体の前に振り上げる。軸は保ったまま、上半身の姿勢は崩さないように行う。歩きながら、テンポ良くリード脚、抜き脚と進んでいく

振り上げ② ▼ やり方

脚を振り上げながら、股関節を外から内へと旋回させる。ここでも上半身、軸はブレないように

振り上げ③ ▼ やり方

脚を振り上げ、次は股関節を内から外へと動かす

Menu 061 カカト歩き

▼ やり方

つま先を上げた状態（トゥアップ）でウオークする。このあたりから実際の踏み切りを意識。
つま先から踏み切りに入っていかないよう、スネとカカトに意識を持っていく。
バランスを崩しそうになるが、上半身は真っすぐに、軸を意識すること

バリエーション① 前

▲つま先を上げて前に進む

バリエーション② 後ろ

▲軸を意識しながらカカト歩きで後ろへ

バリエーション③ 横（左右）

▲横のカカト歩きは向きを変えてやるように

Menu 062 スキップ

バリエーション ① 片腕上げ **▼ やり方**

細かなスキップではなく、ゆったりと大きなスキップで、跳躍の感覚をつくる。上半身と連動するように。片腕を前、片腕を後ろに持っていく。接地がつま先ではなくカカトで入っているのがわかる

バリエーション ② 両腕上げ **▼ やり方**

大きなスキップで、両腕を旋回する。より上へ跳ぶイメージ、浮遊感をつくる

Menu 063 もも上げ

バリエーション①

▼ やり方

速い動きのもも上げではなく、骨盤を手でさわり、脚先ではなく股関節、骨盤から重心が動いているかを感じながら前進する。上半身の姿勢を保つことも忘れずに

バリエーション②

▼ やり方

腕振りと連動させたもも上げ。脚の動きは素早くなるが、骨盤から重心を動かしている感覚を持ったまま行う。左右交互に接地する。脚底でしっかり接地した際、重心が乗り込んでいるかを確認し、ももを上げきったときに一瞬「ぴたっ」と止まり、乗り込みを確認するイメージを持つ

バリエーション③

▼ やり方

片脚でツーステップでもも上げを行う。左(小さくステップ)→左(もも上げ)→右(小さくステップ)→右(もも上げ) の繰り返し。重心移動と、重心の乗り込みを意識して行う

Menu 064

ツーステップ・ホッピング

▼ やり方

右、右→左、左→右、右……とホッピング。支持脚では重心を意識し、
リード脚をスイングして反動で前に進んでいく

▲片脚でツーステップ。スイングしながら前に進む

Menu 065 乗り込み

▼ やり方

小さなホッピングを、左右交互に行い、接地した瞬間にしっかりと止まって
重心が乗り込んでいることを意識する

ポイント

距離をイメージする

醍醐先生が試合前に必ず行っていたという動きづくり。跳躍に必要な柔軟性と可動域の広さをつくっていたドリルだ。頭の中では、どういう跳躍をするかをイメージしながら行ってみよう。重心の位置、乗り込み、接地などを意識する

ねらい
走高跳の跳躍の実戦に近い動きづくり

難易度	★★★½☆
時　間	20分
実施時	跳躍練習前に実施

» 主にねらう能力

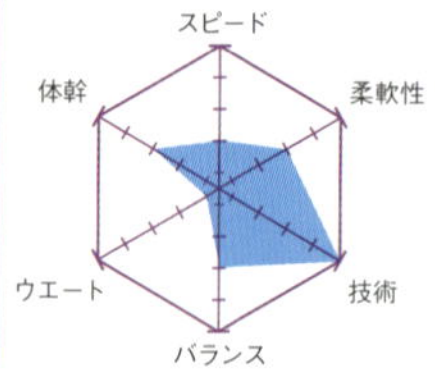

なぜ必要？

実際の跳躍につなげる

先に紹介したドリルよりも、さらに走高跳に近い動作で、本練習へ向かっていくために実施する。跳躍ドリルで行った動きを、跳躍につなげるための動きづくりとなる

ここに注意！

» 重心の移動、乗り込みを意識する

» 跳躍をイメージしながら行う

» 接地のタイミングと反発をつかむ

Menu 066 乗り込み→軸づくり

▼やり方

骨盤、重心を意識しながら、踏み切り脚を前に出して、重心を乗せる感覚をつかむ。できるだけ進まないように、その場で１歩踏み込んで軸をつくる

ポイント

１本の軸をつくる

最初はその場で地面をつかむイメージ。２歩目から少しずつ前に進むが、前に進むことよりも軸をつくることを意識する

Menu 067 片脚スキップ

▼ やり方

踏み切り脚で大きくスキップを繰り返す。Menu66 の重心移動と乗り込みを意識しながら行う

ポイント

踏み切りをイメージ

踏み切り脚（写真は左脚）で大きくスキップ。高跳の
踏み切りをイメージしながら大きくスキップする

Menu 068 乗り込み→スキップ

▼ やり方

スキップの１歩目は軽く跳び、２歩目で高く跳び上がる。「跳ぶ」というのも、高く跳ぶのが目的ではなく、重心の位置を確認するイメージで行う

ポイント

２回目に立ちあがる

１歩目の軽いスキップで体重を乗せる感覚をつかみ、２歩目で立ちあがるイメージで大きくスキップする

Menu 069 乗り込み→ホップ→3歩→ジャンプ

▼やり方

スキップから重心の乗り込みを意識し、一度ホップを入れて、その勢いのまま３歩目で踏み切る。乗り込みからホップまではスピードをつける。そうすることで、踏み切りまでの３歩が自然と脚が回る

ポイント

勢いで踏み切る

「踏み切るんだ」というイメージではなく、なめらかに、勢いを生かして踏み切ることで、重心が自然と動く感覚をつかむ。無意識に踏み切るイメージで行う

ワンポイントアドバイス

跳躍練習に向け、重心、乗り込み、踏み切りの確認を行っていく大事なドリル。最初は乗り込み、その後は助走の勢いを生かした重心移動から踏み切りができるように仕上げていく。跳躍の具体的なイメージを持って行おう。

走幅跳ドリル

ねらい

走幅跳・三段跳の跳躍の実戦に近い動きづくり

難易度	★★★☆☆（3.5）
時間	20分
距離	60m
目的	跳躍練習前に実施

» 主にねらう能力

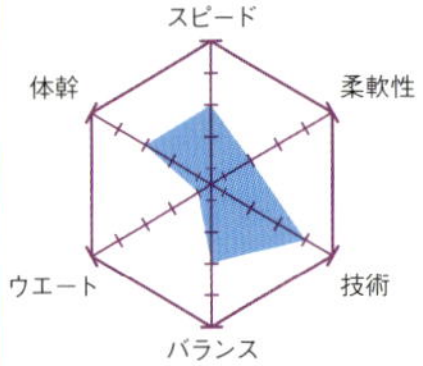

Menu 070 連続1歩踏み切り

▼ やり方

1歩で踏み切りイメージを連続して行う。リード脚と腕振りのタイミングを合わせる。100m などと同様に、接地したらすぐに次の脚が出るように脚の切りかえしを意識しよう。逆脚もできるように取り組もう

! ポイント　体をしっかり立てる

踏み切ってリード脚を出したときに前のめりにならずに体をしっかり立てるように意識する

なぜ必要？

脚の切りかえしの感覚をつかむ

走幅跳や三段跳の助走から踏み切りに入る動作や、重心移動、脚の切りかえしの感覚をつかみ、その後の跳躍練習につなげよう。

共通ポイント！

» 上半身（腕）と下半身のタイミングを合わせる（連動）

» 脚の切りかえしを速くし、スムーズに重心移動させる

» 上体を立てて、重心の乗り込みを意識する

» 重心が乗り過ぎる（先行し過ぎる）と体が後傾するので注意する

» 脚だけ先に動かさないように

Menu 071 連続3歩踏み切り

▼ やり方

3歩での連続踏み切りドリル。1歩よりもスピードが出るため、下半身（脚）が先に出て重心（骨盤から上）が遅れないように行う。踏み切りだけ意識するのではなく、1、2、3歩のリズムに乗せていく

ポイント 最後の1歩に頼らない

スピードに乗ると1歩に頼って最後の踏み切りだけを意識してしまう選手もいるが、しっかり腕を振ってスピードが出ても重心が乗るようにする

Menu **072** 連続5歩踏み切り

▼ やり方

よりスピードに乗って、5歩のリズムで連続踏み切り。スピードが出れば出るほど軸をつくることを意識する。上に跳ぶのではなく、リード脚をいかに“タメ”をつくって重心移動できるかに重点を置く

ポイント

リード脚の位置を Check

リード脚が高過ぎたり低過ぎたりすると、バランスを崩してしまい、重心移動がスムーズに行えない。自分にとってちょうどいい真っすぐの方向を見つけよう。これがわかれば、走幅跳だけでなく、走高跳、三段跳、どれにでも対応しやすくなる

Menu 073 連続2歩踏み切り

▼やり方

インターバルを２歩にし、両脚を交互に踏み切る。脚が自然と切りかわり、
リード脚のうまい出し方の感覚を得られるようになる

ポイント

どちらでも踏み切れるように

基本的に踏み切りのタイミングは、１・３・５のリズムになっているが、２歩で踏み切る練習をすることで無意識に脚の切りかえができるようになる。どちらでも踏み切れるようになると三段跳で有効だ

ワンポイントアドバイス

跳躍種目は、どうしても「上へ跳ぶ」「前へ跳ぶ」というイメージを持ってしまうが、大事なのは重心を動かすということ。大きくジャンプするためには、スピードに乗せた重心をいかに動かすかが大切で、短距離などと理論は同じだ。

ねらい

走幅跳・三段跳の助走イメージをつくる

難易度	★★★★★
時　間	10分
距　離	60m
目　的	跳躍練習前に実施

» 主にねらう能力

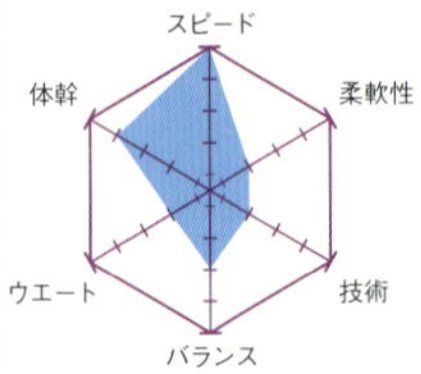

Menu 074 マーカー助走

▼やり方

マーカーは 10 個並べる。マーカー間は 27㎝×６足長で行うが、選手のストライドによっては前後させる。ドリルでやってきた重心移動と乗り込みを意識しながら助走のイメージをつくる

ポイント

３分割で助走のリズムをつかむ

最初の３歩が前半部分、しっかりと押していく。中間の４歩がうまく腰を乗せていく、最後の３歩がしっかりその場をとらえて、刻んでいって、踏み切りに入ることを意識。マーカーを目印に３分割で助走のリズムをつかもう

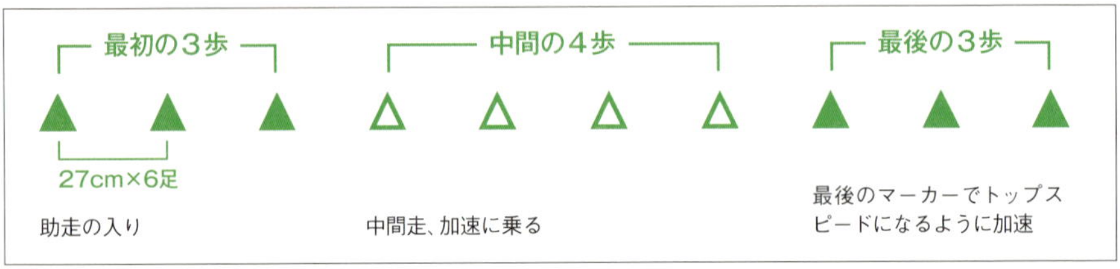

なぜ必要？

助走のイメージをつくる

助走は、限られた距離のなかで加速し、トップスピードに持っていき、踏み切らなくてはいけない。スピードに乗るためには、助走のリズムが大事になる。助走練習でリズムをつかみ、イメージをつくろう。

共通ポイント！

- 助走のイメージを頭にえがく
- しっかりとトップスピードに乗っていく重心移動を意識する
- 実戦の助走同様、助走のスタート、中間、後半を意識しよう

Menu 075 段階走

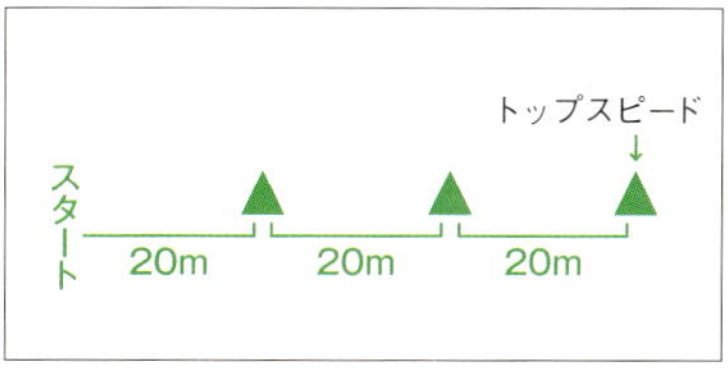

▼ やり方

スタートの目印から20m間隔でマーカーを3個置く。20mずつ、徐々にスピードを切りかえるイメージを持つ

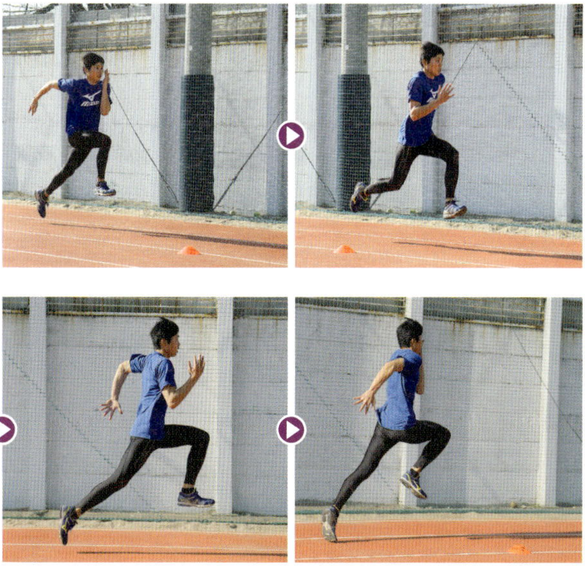

ポイント

60 m付近でトップスピードに

踏み切りまでスピードを落とさないための練習。トップスピードが60m付近でくるように、切りかえを明確にして走る

ワンポイントアドバイス

この助走ドリルは、走幅跳や三段跳だけでなく、跳躍ブロック全体が行っている。重心移動を意識すること。そして実際の助走を必ずイメージして行おう。

ねらい

三段跳の跳躍の実戦に近い動きづくり

難易度	★★★★☆(4.5)
時　間	15分
目　的	跳躍練習前に実施

» 主にねらう能力

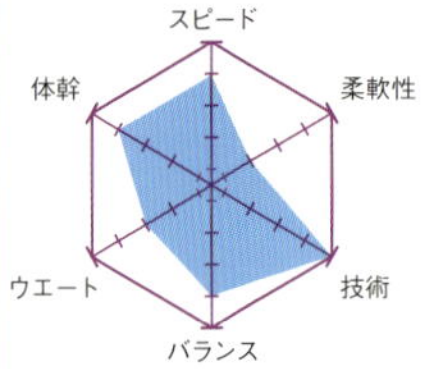

Menu 076 マーカー・バウンディング

▼ やり方

マーカーを6～12足長間隔（最初は短い間隔で）で10個並べ、そこを目標にしてバウンディングで乗り込んでいく。あまり助走はつけずにスタート。空中での“タメ”や、接地のタイミングと反発のもらう感覚をつかみながら行う。接地はくるぶしの下あたりで、フラットに地面をとらえて、重心がそこに乗り込んで進んでいく。通常のバウンディングと違う点は、マーカーを置くことで自分の感覚だけで跳ぶのではなく、しっかりと距離を意識して行える

ワンポイントアドバイス

バウンディングやホッピングは、接地の感覚を養う大切な基礎となる練習。跳躍選手はもちろん、短距離選手や投てき選手にとっても、補強として取り入れられている効果的なトレーニングだ。跳躍ブロックでは、より自身の試技を意識しながら行おう。三段跳の場合、踏切脚だけでなく、逆脚もステップで必要になる。両方バランスよく跳躍できる力を養おう。

Menu 077 スピード・バウンディング

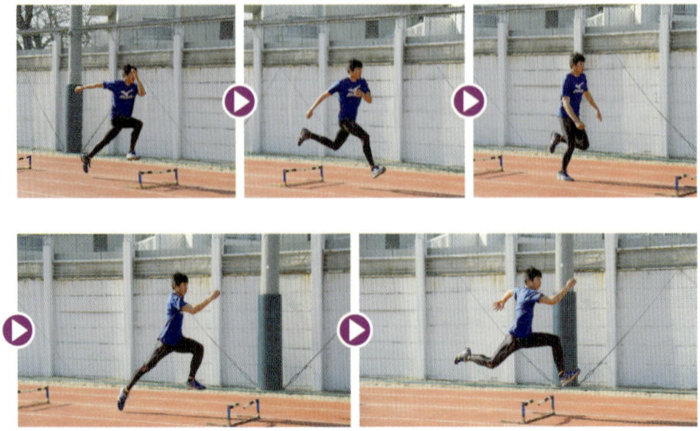

▼ やり方

よりスピードを出して、ハードルを置いてバウンディングを行う。間隔は6～12足長（最初は短い間隔で）で10台並べる。接地したときに、重心（骨盤）を先に移動し、その真下に足が来るような感覚で行う。マーカー・バウンディングよりも高く跳ぶ必要があり、その際、脚のスイングをしないとスピードが落ちてしまうので、切りかえしを意識して行う。マーカー・バウンディングよりも助走をつけてスタートする

なぜ必要？

両脚差がなく跳べるように！

三段跳に必要な動作を、バウンディングによって養う。バランスを崩さないよう重心移動をスムーズに行い、両脚でも差がなく跳べるようになれば記録も向上する。

ここに注意！

» 両脚で差がなく跳べるように

» 脚から先に移動するのではなく、重心の移動、乗り込みを意識する

» 跳躍をイメージしながら行う

» 接地のタイミングと、地面をとらえる（反発をつかむ）イメージで行う

Menu 078 ホッピング

▼ やり方

10台の低いハードルを、ホッピング（片脚跳び）で進んでいく。バランスよく、上半身と遊び脚をうまく使わないと前に進まない。支持脚のパワーアップにも効果がある。三段跳の選手は逆脚をより正確な動きできるようになると記録アップにつながる

ワンポイントアドバイス

ホッピングを連続して行うと、徐々に勢いがなくなって跳びこえるのがきつくなってくる。それは、三段跳の実際の動作も同じだ。ホップ、ステップ、ジャンプと勢いがなくならないよう、いかに地面の反発をえて、重心移動できるかをイメージしよう。

棒高跳ドリル

棒高跳の跳躍の実戦に近い動きづくり

ねらい

難易度	★★★★☆
時　間	20分
実施時	跳躍練習として実施

» 主にねらう能力

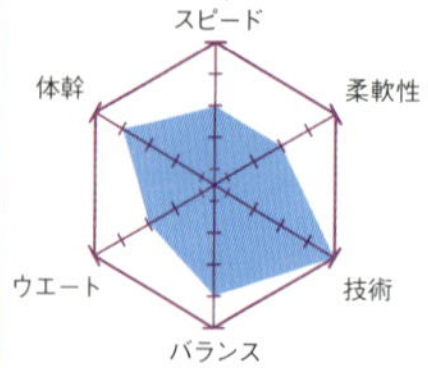

Menu 079 もも上げ（歩行）

▼ やり方

ポールを持ってのもも上げ。マーカーを置いて行う。ゆっくり、ももをしっかり上げて進む。腰の位置が落ちたり、重心が遅れたりしないように。パワーポジションを取る（重心を乗り込む）。少しずつマーカーの間隔を広げていく

ポイント 腰を高く保って重心移動

実戦で、腰が落ちた助走で突っ込む（踏み切る）と、重心とポール自体の高さが変わる。低いと、当然低くなってしまう。腰を高く保った助走で、しっかりと重心移動し、高い跳躍につなげよう

なぜ必要?

棒高跳に不可欠な技術を養う

棒高跳の跳躍に不可欠なポールワークと、ポールを持った状態での動作技術を養う。

ここに注意!

- バランスを崩さないように行う
- 助走では接地と重心移動を意識する
- 腰が落ちないように助走する

Menu 080 もも上げ(ラン①)

▼ やり方

ステップを踏むことで、より助走に近いもも上げになる。スピードを出すなかでも上体、バランスが崩れないように。パワーポジションも意識する

Menu 081 もも上げ(ラン②)

※距離を伸ばして行う

▼ やり方

歩幅を大きくすることで、さらに加速する。それでも乗り込んでいく感覚を持って、推進力を保って行う。腰も落ちないよう注意

Menu 082 助走ラン

▼ やり方

もも上げでつかんだ感覚を、助走として確認する。重心移動、乗り込み、腰を高く保つことを忘れずに。少しずつ跳躍に近づけていく

Menu 083 ポールワーク(片手)

▼やり方

ポールに体全体を乗せていく練習。突っ込んだタイミングに合わせて、
ポールに体重をかけて重心を移動できるようにイメージして行う

Menu 084 ポールワーク(両手)

▼ やり方

片手の次は両手で。"跳ぶ"というイメージではなく、助走で進んでいる重心を、高い位置で動かすイメージを持とう

Menu 085 ポールワーク(振り上げ)

▼ やり方

脚を振り上げて背中でマットに着地する。重心移動を感じながら、上半身と下半身を連動させて、真っすぐに脚を振り上げる。その際、重心がぶれないように。助走の段階で腰が落ちていると、脚が振り上げられない

ワンポイントアドバイス

短距離と同じで、基本動作は体幹をつくり重心をスムーズに移動させること、そして、接地のタイミングをつかんで地面をとらえることが大事。それが助走につながる。跳躍は高く・遠く"跳ぶ"種目であることには変わりないが、重心を高く・速く・遠くに移動するという感覚を、ドリルで養おう。

参考！

醍醐先生の日本記録樹立までのスケジュール

・動きづくり

上半身の可動域～カカト歩き～振り上げ（前･外･内）～もも上げ歩行（腰に手を置く･前に手を出す）もも上げ～乗り込み～スキップ（引きつけ）

・走高跳ドリル

踏み切り（乗り込み）～足首立ち～スキップ（片脚）～乗り込み→ホップ→３歩→ジャンプ

〔日本記録1週間前メニュー〕

日	リハーサル　試合と同じ流れ バーは２m05～２m15まで跳躍をする。 あとはイメージとして２m35くらまで上げる。
月	休養日　マッサージ
火	ダイナマックス前後投げ10回、体幹３種、ジョグ、ストレッチ、抵抗トレーニング、動きづくり、骨盤ダッシュ、加速走30m×１、ハードルジャンプ
水	休養日
木	ダイナマックス直上８回、体幹３種、ジョグ、ストレッチ、抵抗８回、動きづくり、助走イメージ（歩いて）、スナッチ40kg×６回２セット
金	休養日　マッサージ
土	ジョグ･流し×２本、ストレッチ、抵抗６回、動きづくり、走高跳ドリル、スパイク流し、骨盤ダッシュ加速走30m×１･50m×１、助走練習（２m30に上げて）
日	〈試合〉ジョグ５分、流し×１、ストレッチ、抵抗６回、動きづくり、走高跳ドリル、流し120m、骨盤ダッシュ30m×１、助走練習×１～２本

それ以外の練習	
走	スネーク走、ウエーブ走、サークル走、骨盤ダッシュ
跳	台立ち背面、1歩背面、ハードルドリル(リード脚)、ハードルまたぎ、はさみ跳び、背面跳び、短助走、中助走、全助走
ドリル	マーカードリル
補強	メトロノーム、鉄棒背面、肩車スクワット、ヒールレイズ

第5章

投てき競技

投てき種目は
砲丸投、円盤投、ハンマー投、やり投の４種類。
投てき物をより遠くに飛ばすために
必要なことを練習で磨いていきましょう。

ねらい

股関節の柔軟性、可動域を広げる

難易度	★★☆☆☆
時　間	10分
道　具	ハードル８台
目　的	ウオーミングアップ、補強

» 主にねらう能力

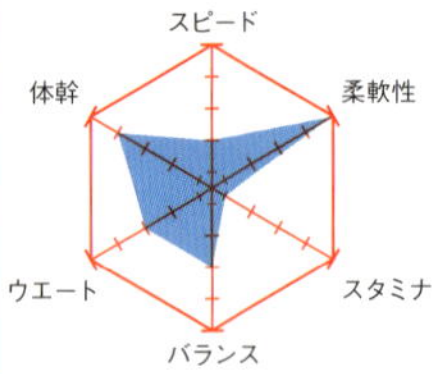

なぜ必要？

体全体のパワーを投てき物に伝える

投てき物を遠くに飛ばすために必要なことは、①重心をスムーズに移動する②上半身と下半身を連動させて、体全体のパワーを投てき物に伝えることなどがある。もちろん、助走スピードの向上や、筋力アップも必要不可欠。東京高校でも、ドリルを中心とした基礎練習は毎日行っていて、基本の習得に余念がない。まずは、ドリルで重心移動の感覚や、投てきフォームの基礎を体に覚えてから、細かな技術に取り組んでいこう。

投てき種目について

陸上競技の投てき種目は、砲丸投、円盤投、ハンマー投、やり投の４種類ある。砲丸投は突き出す動作、やり投は助走から振り抜く動作、ほかの２種目は回転動作での投てきとなる。重さは年代によって異なる。

主要大会での投てき物の重さ

		砲丸投	円盤投	ハンマー投	やり投
中学生	男子	5kg	—	—	—
	女子	4kg	—	—	—
高校生	男子	6kg	1.75kg	6kg	800g
	女子	4kg	1kg	4kg	600g
一般	男子	7.26kg	2kg	7.26kg	800g
	女子	4kg	1kg	4kg	600g

Menu 086 ハードルくぐり

▼やり方

ハードルを近めに８台ほど等間隔で並べ、回転しながらハードルをくぐって進んでいく。右脚から入ると、ハードル間で回転して次は左脚から入る……と続いていく

ポイント 頭を下げないように

最大の目的は股関節の可動域を広げること。猫背になって頭を下げるのではなく、股関節をしっかり広げ、お尻を下げてハードルをくぐっていく。重心を移動させていることも意識して、上半身のバランスを崩さないようにしよう。脚だけ先行して進むのではなく、股関節の上を、重心が水平に移動していくように行う。軸を真っすぐに保つことを意識する

Menu 087 ハードルまたぎ　前

▼ やり方

股関節を左右交互に開きながら、並べたハードルを真っすぐにこえて前進する。走るのではなく、歩きで。右脚、左脚…と交互に行う

バリエーション=うしろ

バリエーション=横

◀前を行ったら、後ろ、横と続ける。軸を真っすぐつくらなければパワーポジションをとることができない。正しいパワーポジションに入れば、投てきの飛距離アップにつながる

ポイント　股関節をダイナミックに

ハードルはそれほど高くしなくても大丈夫だが、低いからといって低くこえるのではなく、股関節をダイナミックに大きく動かして可動域を広げて高くこえよう。投てきと同様に軸、重心を真っすぐにして、上半身がフラフラしないようにハードルをまたぐ。目線を下げると、猫背になり、軸がブレてしまうので、真っすぐ前を見据えて動くこと

Menu 088
ハードル回転またぎ

▼ やり方

回転投げの動作のためのハードルドリル。回転しながら、ハードルをこえていく。両方向行う。頭の位置、肩の位置を変えずに、股関節は大きく動かすこと。猫背にならないようにする

ポイント 軸を保ちながら回転しよう

回転しながらになると、上半身が安定しなくなる。フラフラしないで、軸を真っすぐに保ち、自分の重心の位置を考えながら回転すること。この動作ができれば、円盤投やハンマー投にもつながってくる。足裏全体で接地してしまうと、スムーズに回転できないため、接地はつま先で行う

Extra

砲丸投にも回転投げがある!

砲丸投は英語でShotPutと呼ばれ、その名の通り投げるのではなく押し出す動作が基本だ。それをグライド投法と呼び、日本の多くの選手はこの投げを採用している。だが、じつは砲丸投にも回転投法があり、世界のトップ選手には多い。回転することで、遠心力が増し、より遠くへ投げられる。だが、大事なのは投げ方ではなく、いかに重心移動を素早く、安定して行い、体全体の力を砲丸(投てき物)に伝えられるか。この基本ができないと、どんな投げ方で行ってもうまくいかないと心得ておこう。

ハードル回転またぎバリエーション

▼ やり方

ダイナマックスを持ち、ハードル回転またぎを行う。ボールを持つことで、軸と重心を意識でき、姿勢を保つことができる。頭上、お腹の前と行ってみよう。物を持つことで、重心移動の難易度は変わり、バランスを保つことが大事になる。回転することで実際の砲丸投、円盤投の動作をイメージしやすくなる

ダイナマックス頭上

ダイナマックスお腹

Menu 089 ハードル１歩跳び

▼ やり方

ハードルの間隔を少し広げ、１歩で跳びこえていく。「タ・タン」のリズムを崩さないようにテンポ良く跳ぶ

Extra

どうして投てきがハードルを跳ぶ!?

投てきブロックなのに、どうしてハードルを跳ぶのか。それはハードルをこえる「タ・タン」のリズムが、投てき動作の最後のステップと同じテンポだからだ。そのリズムを体に覚えさせるために行っている。ただステップを踏むのではなく、軸を意識した重心移動がしっかりできないと、１歩跳びはできない。投てきで良い記録を持っている選手は、このハードルドリルなどの基本動作が抜群だ。

投てきダイナマックストレーニング

ねらい

体幹回りの強化
投てきの動きづくり

難易度	★★★★★
時　間	10〜15分
回　数	20回×２セット
重　量	男子　５〜６kg 女子　４kg
目　的	ウオーミングアップ、補強

» 主にねらう能力

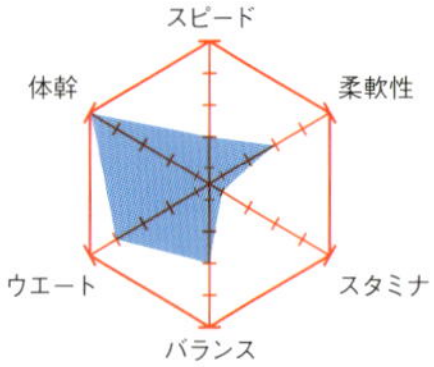

Menu 090 後ろ向き

▼ やり方

２人１組で行う。ダイナマックスを持ち、受け手に背を向けて立つ。下半身は前に向けたまま、上半身をひねって後ろに投げる。その方向で、受け手からダイナマックスを返してもらい、受け取った反動で反対側に上半身をひねって投げる

ワンポイントアドバイス

受け手も練習！

ダイナマックスの利点は受け手もトレーニングとして効率的に行えるところ。しっかり体幹をつくって衝撃を受けよう。

ポイント

バランスを崩さない

軸は真っすぐに、つま先の方向が横に向かないようにする。ダイナマックスを受けたときの衝撃に負けてバランスを崩さないよう、体幹をつくって行う

なぜ必要？

ボールを持って重心や軸を意識する

ダイナマックスを使ったトレーニングは、短距離だけにとどまらず、投てきブロックでももちろん効果的。ボールを持つことで、重心や軸をより意識できるようになる。

ここがポイント！

ドリルだが補強の効果もある

ダイナマックスを使用することで負荷をかけることができ、ドリルでありながら補強の効果もある。故障を抱える選手で投てき練習ができない場合などでも、基礎体力向上に役立つ。

バリエーション＝後ろ向き（前後開脚）

▼ やり方

後ろ向きと同様に行うが、脚を前後に開いて行う

ポイント

左右のバランスを鍛える

脚を開脚することで、ひねりやすい・ひねりにくい向きがわかる。ひねりにくい方向は、より体幹を意識して強化する。投てきの際に、片側だけ力がつくとバランスが崩れるので、左右バランスよく鍛えよう

Menu 091 上下投げ

▼ やり方

２人１組で行う。

投げ手　ダイナマックスを真っすぐに受け手に向かって投げ下ろす。一度頭上まで上げて、肩甲骨回りを使って受け手にたたきつけるように投げる

受け手　中腰になり、投げ手から投げ下ろされたダイナマックスを、体幹をつくってバランスが崩れないようにしっかりと両手でキャッチする。また、投げる際も背筋、肩甲骨回りを使って投げる

ポイント　肩甲骨を使って投げる

投げ手　ヒジから先で投げるのではなく、肩甲骨を使って、上半身全体で投げ下ろす。猫背にならず、軸は真っすぐに保って投げる

受け手　背筋、肩甲骨回りの強化になる。衝撃は大きいが、体幹を使って受け止める。背中が曲がらないように注意する

Menu 092 長座

▼ やり方

２人１組で行う。脚を伸ばして座り（長座）、後ろからダイナマックスを投げてもらいキャッチする

ポイント ダイナマックスの衝撃を吸収

肩あたりでキャッチするのではなく。投げ手から見て逆脚のつま先までダイナマックスの衝撃を吸収して、その反動で投げ返す。上半身のバランスは崩さないように、しっかり体幹をつくる

ここからは、ダイナマックスを使った「投げ」の基礎トレーニング。実際の投げに近い動きになってくる。どの練習も、基本的な動作であり、どの学校でも多く取り入れられている練習。また、日本のトップ選手たちも練習や自分の調子のバロメータとして活用している。メディシンボールや砲丸でも代用可能だが、ダイナマックスを使うことで、受け取る側もトレーニングとなるので効率がアップする。

Menu 093 フロント投げ

▼ やり方

ダイナマックスを両手で持ち、足もとから反動をつけて相手に向かって投げる。
助走はつけずに、両脚をそろえること

ポイント

下半身と上半身を連動させる

腕だけの力では遠くに飛ばすことはできない。下半身と上半身を連動させ、全身を使って投げる。特に脚筋、背筋を使う。背筋を曲げたりせず、体幹をつくる

Menu 094 バック投げ

▼ やり方

ダイナマックスを両手で持ち、反動をつけて頭越しの後方に向かって投げる。助走はつけない

ポイント

下半身からパワーを伝える

こちらも腕だけの力では飛ばすことができない。肩甲骨回りを柔らかく使い、下半身からのパワーを上半身に伝え、うまく連動させることを意識しよう

Extra

フロント投げ・バック投げは選手のバロメータになる

砲丸のフロント投げ・バック投げは、基礎体力を計る重要なバロメータとなる。トップ選手たちが集まる全国合宿や、各チームでも定期的にコントロールテストという基礎体力測定が行われていて、その項目の一つとしても活用されている。4kg砲丸のバック投げだと、高校投てきトップクラスの選手であれば 20mほど。インターハイ入賞クラスは 18～ 20mほどが目安となる。男子やり投の世界選手権銅メダリスト、村上幸史選手は試合が近くなるとバック投げで調子をはかるそうで、そのベストはなんと32m。また、男子ハンマー投の室伏広治選手は、7.26kgで 21mも投げていたという！　バック投げなどの基礎体力は、投てきだけに限らず、競技成績と比例傾向にある。男子走幅跳の日本記録保持者・森長正樹さんは、現役時代には村上選手と同等かそれ以上のアベレージで投げていたという。フロント投げのフォームを見ると、短距離のスタートに近い動きだというのがわかるだろう。投てき物を遠くに飛ばすためには、走り同様に重心移動と体全体を思った通りに動かすことが大切だということ。コントロールテストを定期的に実施して、自分の基礎体力の指標としよう。

Arrange

グラウンドが狭くてもできる!

東京高校のグラウンドは校庭グラウンドが全天候型トラックが 70m 7レーンと、決して広いとはいえない(河川敷グラウンドに投てきピットあり)。広さ(距離)が出せないなら、高さを出そうと考えられたのが、2階へのダイナマックス投げ。ダイナマックスの場合は、表面が硬くないため、より安全に行うことができる。

フロント投げ

バック投げ

Extra

こんな場面でやろう!

東京高校をはじめ、強豪の先生方は「ウチは狭いからなかなか強化できない」という言葉は絶対に出てこない。狭いからこその創意工夫、場所や地形を利用した練習で強化がされている。ダイナマックス投げもその一つだ。投てき練習前のドリルとしても、補強としても効果がある。

ポイント

脚力を使って高さを出す

高さを出すために、より脚力が重要となる。脚の曲げ・伸ばしが通常のフロント・バック投げよりも大きいのがわかる。手先だけで投げようとせず、下半身を先行させて、自然と後傾姿勢になるようにする。腕の感覚としては砲丸投の突き出し角度と大きくは変わらない。下半身を先に出すことで、通常よりも腕の角度が上がり、高さを生み出す

ワンポイントアドバイス

ドリルで大事なのは、肩甲骨や股関節回りの柔軟性を高めることと、重心移動の感覚、接地の感覚を養うこと。投てきだからこれは不要、走りだからこれが不要、ということはない。東京高校では、どのブロックでも同じようなドリルをしていることからもわかるだろう。より実際の投てきを意識しながら、ドリルを行おう。

砲丸投ドリル

ねらい
重心移動の感覚をつかむ投てきの動きづくり

難易度	★★★★★
時　間	30分
目　的	ドリル、投てき練習

» 主にねらう能力

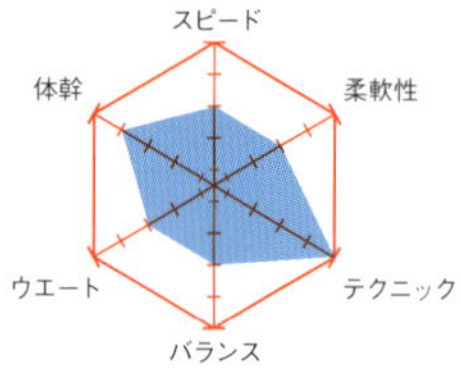

なぜ必要？

実際の砲丸投につながる

砲丸投の実際の投てきに少しずつ近づけていく。これまでのトレーニングをつなげていき、投げ込みを行う。

Menu 095 連続グライド①

▼ やり方

グライドを連続して行う。１歩でしっかりと止まり、それを繰り返していく。伸びて引きつける動作を体にしみこませる

ポイント 蹴り出しを力強く

カカトで押し出して、リード脚を引きつけるときに支持脚のつま先に重心を乗せる。パワーポジションをとらえ、蹴り出しを力強く行うのがポイント。体幹をつくって、バランスを崩さないようにする

グライドとは!?

グライド投法とは、1950年ごろに、アメリカのパリー・オブライエン選手が考案した投法。グライド=滑るような動き、すっと動くという意味で、投てき方向に背を向けた状態から始まる投てき動作。より長い時間を砲丸に力を加えられる投法であり、日本ではほとんどの選手がグライド投法を採用している。海外のトップ選手は回転投げが多く採用され、世界記録も回転投げの記録。ただ、どちらも、重心をスムーズに移動することと、パワーポジションをつくって、力を最大限に砲丸に伝えるという点では同じ。グライド投法、砲丸投はすべての投てきの基本となる動作のため、ほかの投てき種目選手も砲丸投を定期的にトレーニングするのがオススメ。

Menu 096 連続グライド②

▼ やり方

グライドを連続して行うが、①のように1回1回止まらないで連続して行う

ポイント

リード脚を素早く引きつける

リード脚の引きつけを素早く行う。リード脚を一度ついたときの引きつけで、支持脚をスムーズに移動させ、連続動作とする。連続することで、パワーポジションをとることがより難しくなるので、意識しながら行う。バランスは崩れないように

Menu 097 ダイナマックス　ワンクロス突き出し

▼ やり方

2人1組でダイナマックス（4～6kg）を使って、立った状態（スタンディング）から、ワンクロスステップ突き出しで投げる

ポイント

投げたあとの顔の位置に注意

遠くに投げればいいのではなく、重心移動と突き出しへのパワーポジションの取り方を意識しながら投げる。猫背にならず、投げ終わったあとも顔が下を向いたり、後傾したりしないように。軸（体幹）をつくって真っすぐにしよう。しっかり力を加えられれば距離は出てくる

Arrange

目的によって重さを変えよう

ダイナマックスの重さは目的によって変更する。冬期練習では、重いダイナマックスで行い負荷をかけて補強とする。シーズン前や試合期では、比較的軽いダイナマックスで行う。遠くに飛ばす感覚をつくるときは、最初に重いもので行って、軽くしていく。最初に重いもので行ってから軽くすると、素早く動く感覚を養うことができる。目的や時期によって重さを変えて効率を上げよう。

▼距離は15メートル。重さは4~6kgくらい

Menu 098 ダイナマックス　スタンディング投げ　上

▼やり方

ダイナマックスを２階に向かってグライドに入る一つ前のスタンディングで投げる。２階に向かってのフロント・バック投げ（P126）でも紹介したように、上に投げるからといって、投てき角度はそれほど意識しないで、下半身の動きで角度をつけよう。上に投げるように意識しすぎると、腕だけ投げたり、上半身に無駄な力が入って重心がブレたりしてしまう

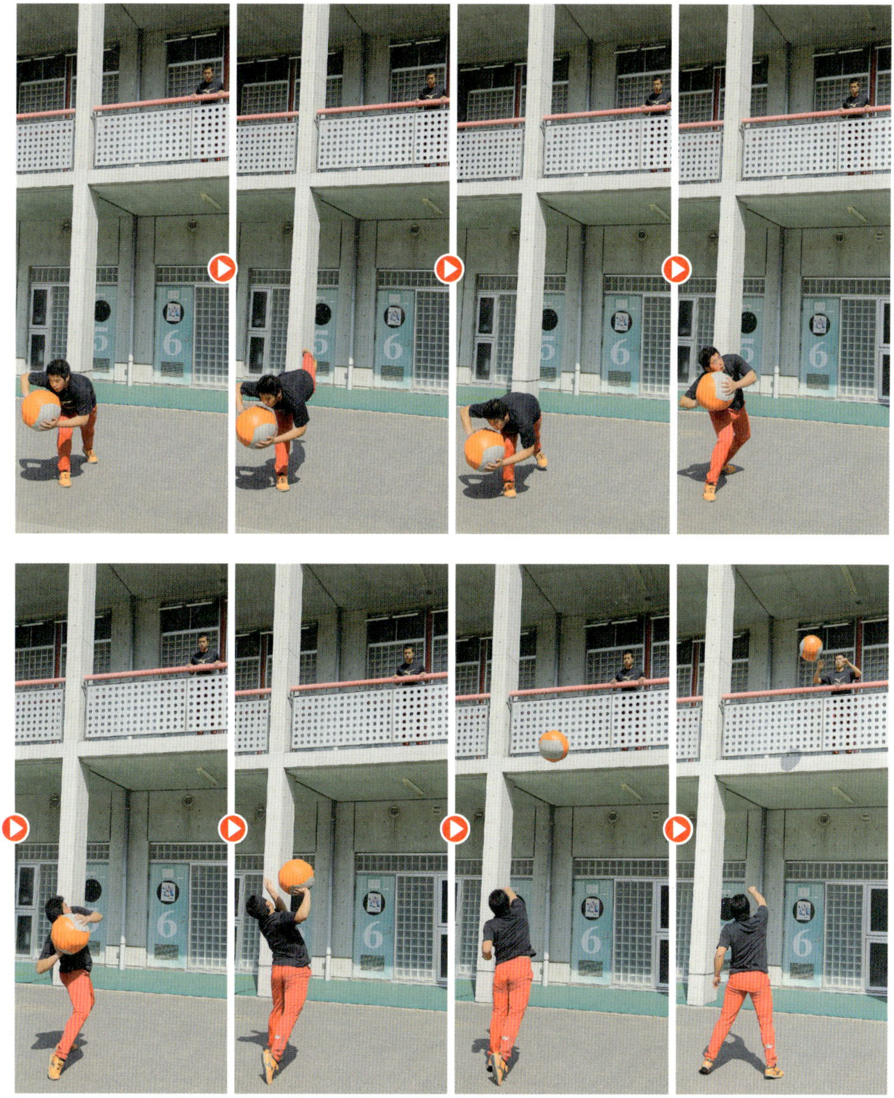

ここからは、これまで行ったドリルで得た感覚を実際の砲丸投に生かしていく。大事なのは、遠くに飛ばそうとすることではない。重心移動、パワーポジション、投げる感覚を意識し、これまでのパーツごとに行ったトレーニングを投てきにつなげる。

Menu 099 スタンディング投げ

▼ やり方

投てき方向に背中を向け、リード脚（右投げの場合の左脚）を使い、支持脚のつま先に重心を乗せる。その反動をリード脚でうまくとらえて、リード脚に重心を移動して投げる

ポイント ひねりで砲丸に力を加える

最初の支持脚にしっかりと重心を乗せてパワーポジションを取る。その際、頭からリード脚までが真っすぐになるのが理想的。バランスは崩さないように。支持脚をバネのように曲げて、リード脚に体重をかけるときは、上半身から動くのではなく、下半身を使って重心移動し、下半身が先に正面（投てき方向）を向き、そのひねり動作で砲丸に力を加えて飛ばす

スタンディング投げを目安にしよう!

砲丸のスタンディング投げは、フロント投げ・バック投げのように、一つのバロメータになる。スタンディングで練習ベストが出るということは、力のついている証拠。自分の力・調子の判断材料として用いよう

東京高校→東海大
安藤　夢 あんどう・ゆめ
砲丸投
高校時ベスト　16m84
インターハイ　砲丸投成績
２年時５位、３年時６位
砲丸投スタンディングデータ
１年時 13m／２年時 14m／３年時 15m
※2016年に円盤投でジュニア日本記録を樹立

Menu 100 グライド投げ

▼ やり方

投てき方向に背を向け、グライドで投げる。実際の試合と同様の動作となる

砲丸投は、投てき動作のすべての基本が集約されている。短い時間、短い距離で、いかに素早く効率よく重心移動して、自分の持っている力を砲丸へ伝えるかが大事。その結果、距離が出てくる。バランスが崩れていると、砲丸の着地点が左右にずれて落ちてしまう。つまり、真っすぐに効率よく力が伝わっていない証拠。投てきは上半身(腕)だけで投げるような「力持ち」を競う種目ではない。細かく繊細な技術が集約された技術種目であると心得よう。

ポイント 手投げにならない

グライドから突き出しまでの全体の流れを途切れずに投げる。支持脚に重心を乗せたときなどのパワーポジションで一度止まってしまうと、その後の動きによる砲丸へのつなげの際、十分に力が砲丸まで伝わらない。(右投げの場合の)右足を着き、左足で着いて投げるまでの「タ・タン」のテンポを遅らさず、いかに時間差がなく突き出し動作にもっていけるかが、記録の向上につながる。手投げにならず、下半身と上半身を連動させ、重心を素早く移動して生み出されたパワーを砲丸に余すことなく伝えることが大事だ

円盤投ドリル

ねらい

回転動作の際の重心移動の感覚をつかむ投てきの動きづくり

難易度	★★★★☆
時　間	30分
目　的	ドリル、投てき練習

» 主にねらう能力

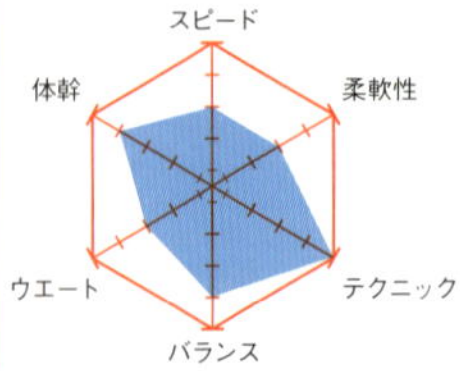

なぜ必要？

実際の投てきに近づける

円盤投の実際の投てきに少しずつ近づけていく。これまでのトレーニングをつなげて投げ込みを行う。

円盤投はどんな投げ方？

円盤投は、回転動作で遠心力を利用して投げる種目。多くは投てき方向に背中を向けた状態で回転をスタートし、１回転半で投げる

Menu 101 連続ターンドリル

▼ やり方

何も手に持たず、ターンを繰り返して前進していく

ポイント

重心移動をスムーズに

パワーポジションを取ることと、重心移動をスムーズに行うことが目的。右投げの場合の、左足への重心の乗り込みがスムーズに行えるようにする。バランスを崩さないよう。ライン上などで行い、軸をつくって真っすぐに進んでいく目安にするとわかりやすい。タオルなどを持って行うのも腕の感覚を養える。腕を下げずに（右投げの場合の）左腕でリードし、右腕の遠心力を感じる。腰が高いと安定感が下がる

Menu 102 バランスボールを持ってのターン

▼ やり方

バランスボールを両腕で抱えた状態でターンを行う。ライン上で行うと、軸がぶれていないかどうか確認できる

ポイント 軸を真っすぐにする意識を強く持つ

大きなボールや、長い棒などを持ってターン練習を行うことで、軸を真っすぐにする意識を強く持て、安定感を生む。両腕を広げることになるので、円盤投の動作に近い動きになる。軸は真っすぐに、(右投げの場合の)右足に乗り込んだときにバランスを崩さないように、重心移動を意識する

Menu 103 バランスボールを持っての連続ターン

▼ やり方

バランスボールを両腕で抱えて連続ターンを行う

ポイント

ライン上で真っすぐ移動

ライン上で行い、真っすぐに重心移動できているか確認する。ターン時の乗り込み、スムーズな重心移動を意識しないと、真っすぐには進めない

Level UP!

円盤の動作に近づける

連続で行うことで重心移動の感覚を養い、円盤投のターン動作に近づけていく。

Menu 104 メディシンボールネット投げ

▼ やり方

防護ネットに向かって、メディシンボール（1~2kg）をターンせずにスタンディングで投げる

ポイント

腕は地面と水平、体と垂直

右へそれないよう、真っすぐに飛ばせるように軸をつくる。腕が地面と水平、体に対して垂直になるように、しっかり伸ばして真っすぐにする。腕を振ったあとに腰が動くのではなく、下半身主導で、腰をしっかり回転させたことで上半身がひねられ、その反動を利用して腰を投てき方向にひねることで、上半身を振り子にして投げる。ヒジを曲げたり、肩が落ちたりしないようにする

Arrange

ハーフターンもやってみよう

スタンディングの次は、ハーフターンにも挑戦しよう。よりスピードが出るため、メディシンボールのコントロールが難しくなるが、真っすぐに飛ばせるように軸をつくる。上半身ではなく、下半身先導で、上半身が連動する意識を持とう。

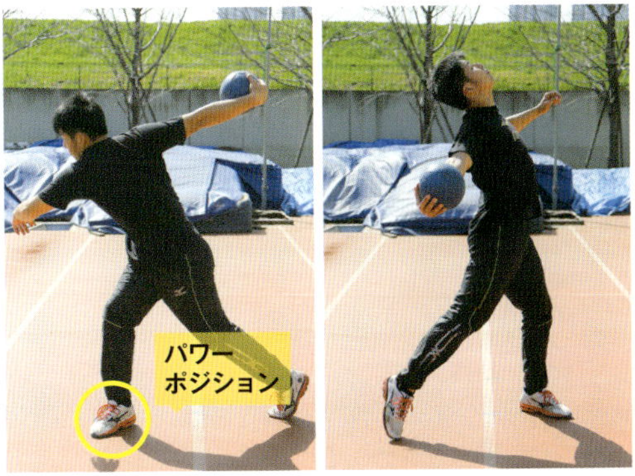

ここからは投てき場に移動して、実際に円盤を投げる。その際、ドリルで行った重心移動、下半身を動かすことを意識する。投てき種目では、どうしても腕や上半身の技術に注目してしまいがちだが、まずは、しっかり下半身と上半身を連動させて、スムーズな重心移動と素早いターンをすることを考えよう。

※文中の動き例はすべて右投げの場合

Menu 105 スタンディング投げ

▼やり方

投てき方向に対して背中を向けた状態でスタートし、脚を動かさずに腰の回転で投てきする

ポイント 下半身で重心を使って回転

右足のつま先を軸にして、左足を投てき方向にしっかりと向けて重心を乗せて投てきする。パワーポジションをしっかりつくる。上半身を先に回すのではなく、下半身で重心を使って回転し、その動きに上半身を連動させてひねって投てきする。右腕を下げすぎないように注意。腕は大きく回して遠心力をつくる。腰のひねりと同時に、しっかり左腕を引きつける

Menu 106 ピボットターン投げ

▼ やり方

投てき方向に対して正面を向いた状態で回転をスタートし、１回転で投てきする

ポイント

右腕が遅れないように

パワーポジションをしっかり取ること。右つま先でしっかりと回転して、軸を左脚→右脚→左脚とスムーズに移動させる。下半身を先に投てき方向に向け、左脚がしっかり正面を向いたあとに上半身が正面にくるように。その際、左腕の引きつけを忘れない。左腕が開いた状態だと、右腕が遅れてしまう。正面に向いたときに右腕が遅れると、力が円盤まで伝わらない。ピボットターン、ハーフターンは、フルターンでの投げ込みの前に行い、補助練習としてとらえる

Menu 107 ハーフターン投げ

▼ やり方

投てき方向に対して半身になり、右脚はサークルの外からスタート。１回転で投てきする

ポイント

ドリルで養った動きを投てきにつなげる

パワーポジションの獲得と、重心移動を意識しながら行う。スタンディング、ピボット、ハーフターンと、徐々に回転数を上げていき、投げ込みへの感覚をつくっていく。ドリルなどで養った動きを、投てきにつなげることが大事だ

Menu 108 フルターン投げ

▼やり方

投てき方向に背中を向けた状態でターンを開始し、１回転半で投てきする。試合での動作と同じ。これまでのドリル、ターン投げでつかんだ感覚をつなげて、１投１投丁寧に投げよう

ここに注意！

円盤が左へ行ったり、右へ行ったりするのは…？

体を開く（正面に向く）のが早く、右腕がついてきていないと、円盤が右側に落ちる傾向がみられる。上半身ばかりで投げようとしてしまうと､左の引きつけが早くなり、下半身に関係なく、右腕だけで振ろうとしてしまい、引っ張りすぎて左に落ちる投てきが多くなる。重心移動とターンをスムーズに行い、腕を水平にして大きな弧を描いて遠心力を最大限に利用できる投てきを目指そう。

写真④で腰を落として、しっかり重心を低くし、写真⑦ではあまり飛ばずに、スムーズに重心移動するのが理想的。写真⑧でしっかり右脚に重心を乗せてつま先で回転する。写真⑩で下半身を先に前に出し、そのひねりで上半身がついてくるように回転。左腕の引きつけも連動させる。写真⑪のリリースで力を下半身から上半身に伝え、円盤につなげる。腕は大きく外に振り遠心力を最大限利用する。肩甲骨が硬いと腕を大きく使えないため、ドリルなどで可動域を広げよう

スタンディング投げを目安にしよう！

砲丸投同様、スタンディング投げをデータとして残し、自分の力・調子の判断材料として活用しよう

東京高校OB
安藤　夢　あんどう・ゆめ
円盤投
高校時ベスト　52m51
インターハイ　円盤投成績
２年時４位、３年時２位
円盤投スタンディングデータ
１年時　36m
２年時　40m
３年時　47m

やり投ドリル

ねらい

重心移動、接地の感覚をつかむ投てきの動きづくり

難易度	★★★☆☆
時　間	30分
目　的	クロスステップ、投てきドリル

» 主にねらう能力

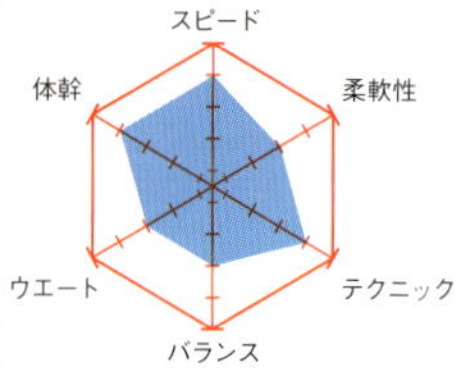

なぜ必要?

実戦に近い動きをつくる

やり投のクロスステップ、投げにつながるドリルとして行う。より実戦の動きに近づける。

※文中の動き例はすべて右投げの場合

Menu 109 ダイナマックスワンクロス投げ

▼ やり方

5～6kgのダイナマックスを使用し、1歩のクロスステップで投げる

ポイント

右から左の重心移動を素早く

右脚接地から左脚接地へと移る際の重心移動を素早く、スムーズに行う。パワーポジションをしっかりとる。肩甲骨の可動域を広く使い、下半身のスピードをしっかりと上半身と連動して指先まで伝える。腕だけで投げない。上半身が投てき方向に向くのが早すぎると“タメ”がつくれずに、力が伝わらない

やり投はどんな種目？

投てき種目で、唯一助走があり、助走スピードを生かし、そのスピードをブロックすることでやりに体全体の力を伝えて飛ばす。助走スピードと、重心移動をコントロールしてやりにパワーを伝える細かな技術が要求される。やり投のドリルでは、助走の最後に行うクロスステップを重点的に行うことで、重心移動と接地での地面をとらえる感覚を養う。

Menu 110 メディシンボール　ネット投げ

▼ やり方

防護ネットに向かって、メディシンボール（1 ～ 2kg）をワンステップで投げる

ポイント 投げる角度はやり投と同じ

角度は、やり投の角度と同じ。体幹をつくり、軸を意識して真っすぐに投げる。腕投げにならないようにする。しっかり左脚に重心を移動し、腰をひねった反動で上半身が動くように連動させる

Menu 111 連続ワンクロス

▼ やり方

やりを持って行う。クロスステップを1歩で行い、最後に左脚はつかないように、右脚に重心を残して終える

ポイント やりは後ろでキープ

重心を真っすぐに保ち、乗り込みながらクロスステップを行う。クロスステップから止まったときに、右脚に重心を残す。やりは前に出すのではなく、後ろでキープ。ここの“タメ”ができるかどうかで、実際に投げたときに、力をやりに伝える時間が変わり、伝える時間が長いほうがより飛距離が出る。前傾したり、後傾したりしないようにする

Menu 112 連続ワンクロスから踏み込み

▼やり方

ワンクロスしたあと、左足が軽く地面につくくらいまで進む。重心は左脚に乗せてしまわず、右脚に残したままから、真っすぐになるかならないかまでで止める。やりは前に出さない

ワンポイントアドバイス

クロスステップは重要！

クロスステップで減速してしまうと助走が速くなってもやりに力を伝えられない。クロスステップをスムーズにできるように取り組もう。

ポイント 下半身から先に動かす

あくまで左脚は地面に軽くつくくらいで止める。右脚に重心が乗って、後ろから前へと重心が移動し、パワーポジションを取る感覚をつかむ。上半身を動かすのではなく、下半身を先に動かし、反動を上半身に伝える。体幹をつくり、重心移動をスムーズに行う

Menu 113 連続クロス

▼ やり方

正面を向いての助走→クロスステップ→正面を向いての助走→クロスステップと繰り返して進んでいく

ポイント

やりを体に引きつける

助走スピードがつくことで、重心の位置が乱れないように、クロスステップに入ったときにしっかりパワーポジションを感じながら進む。クロスに入るときに、やりを体に引きつけをスムーズに行えるように意識しよう

Menu 114 坂道連続クロス

▼ やり方

上り坂の傾斜を利用してクロスステップを連続して行い前進する

ポイント

坂でも地面をしっかりとらえる

坂道という抵抗があるなかでも、しっかりと接地をして地面をとらえて前進する。カカトからべったりと接地するとスピードがでない。つま先接地でスムーズに行う

Menu 115 坂道ダイナマックス投げ

▼ やり方

傾斜を利用してダイナマックスを２人１組で、ワンクロスステップで投げ合う

バリエーション①　下から上

▲15～20m の距離で行う

ポイント 投げたあとは右足が前

上り坂の場合は抵抗があり、スムーズな重心移動が難しい。そのため、投げたあとに必ず右脚が前に出るように意識する。投げ終わったあとにただ右脚を出すのではなく、投てきの流れのなかで、重心移動をした結果として、反動で右脚が出るようにしよう

バリエーション② 上から下

▲距離は力量によって変えるようにする

ポイント

左脚でブロックをつくる感覚を持つ

傾斜の高い位置から、下に向かって投げる方は、重心がイメージより速く移動する。そのため、左脚でしっかりブロックをつくる感覚を持つために、投げたあとに右脚を前に出さないように意識する

やり投まとめ！

やり投は、助走スピードを生かす必要があるが、助走からクロスステップ、そして投げへとつながらないと、記録が伸びてこない。短助走（クロスのみ）でも、全助走でも飛距離が変わらない選手は､助走のスピードを投てきにつなげられていないといえる。助走のスピードをやりに伝えるためには、クロスステップでつなぎ、最後のブロックをしっかりつくって、重心を真っすぐにして、下半身から上半身へ、そしてやりへと、力を伝える必要がある。もちろん、重心移動とパワーを投てき物に伝えるという点で、ほかの種目と基本は同じだということがわかるはずだ。

投てきまとめ

投てき種目は、どうしても「パワー＝ウエート」が必要だという考えをもってしまいがち。もちろん、各世代のトップ選手たちを見ても、体の大きな選手が多いだろう。しかし、いくら力をつけても、その力を投てき物（砲丸、円盤、ハンマー、やり）にうまく伝えられなければ宝の持ち腐れになってしまう。持っている力を投てき物に伝えるために必要なのがドリルなのだ。

ドリルでは、接地時にパワーポジションに入り、地面からの反発を最大限利用して推進力を高め、スムーズに重心移動して下半身と上半身を連動させて、投てき物を投げる。つまり、走種目も投てき種目も、跳躍種目も、陸上競技にとって大切なことは一貫しているといえる。そのなかで、種目ごとに必要な技術を習得して自己ベスト更新を目指していこう。

▶言わずと知れた日本陸上界のレジェンド、男子ハンマー投の室伏広治選手。オリンピック・世界選手権のどちらでも金メダルを獲得した

◀世界選手権で銅メダルを獲得した村上幸史選手。日本やり投界のトップ選手として長く活躍している

▶円盤投で日本をけん引している堤雄司選手。史上3人目の60ｍスローワーだ

◀女子砲丸投の日本記録18ｍ22は、東京高校の卒業生である森千夏さんがマークした。日本記録を7度更新し、アテネオリンピックには40年ぶりとなる女子砲丸投でオリンピック出場を果たした

第６章

混成競技

混成競技は総合的なトレーニングが求められます。
得点アップにつながるトレーニングを取り入れましょう。

パワーステップを使った得点アップドリル

ねらい

体幹回り、基礎体力の強化 スピードアップ、反発力のアップ

難易度	★★★☆☆
時　間	30分
目　的	各ブロック別トレーニング

» 主にねらう能力

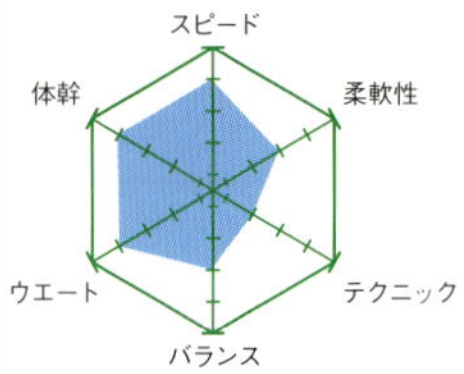

なぜ必要？

得点力アップのための基礎体力を高める

混成種目の選手たちは、総合的なトレーニングが要求される。東京高校では、主に短距離で活用しているパワーステップを使った練習などで、各ブロックの練習の応用編を行って得点アップのための基礎体力向上の練習を行っている。

混成競技とは…

混成競技とは、２日間にわたって複数の種目を行い、合計点数で順位を競う種目。走る・投げる・跳ぶといった、陸上競技の基本すべてが求められ、強靭（きょうじん）な精神力とスタミナも必要となる。男子は一般が10種目、高校が８種目、女子は一般・高校は７種目行われる。中学では四種競技が行われている。陸上競技のすべてが必要なため、海外では優勝者は「King of Athlete（キング・オブ・アスリート)」と呼ばれ、尊敬を集める存在となっている。

▪ 男子十種競技

初日	100m、走幅跳、砲丸投、走高跳、400m
２日目	110mH、円盤投、棒高跳、やり投、1500m

▪ 男子八種競技

初日	100m、走幅跳、砲丸投、400m
２日目	110mH、やり投、走高跳、1500m

▪ 女子七種競技

初日	100mH、走高跳、砲丸投、200m
２日目	走幅跳、やり投、800m

Menu 116 ボックス三段跳

▼ やり方

ボックスから砂場に向かって三段跳を行う。距離はパワーステップをつけずに跳べる距離から 1m ほど短く

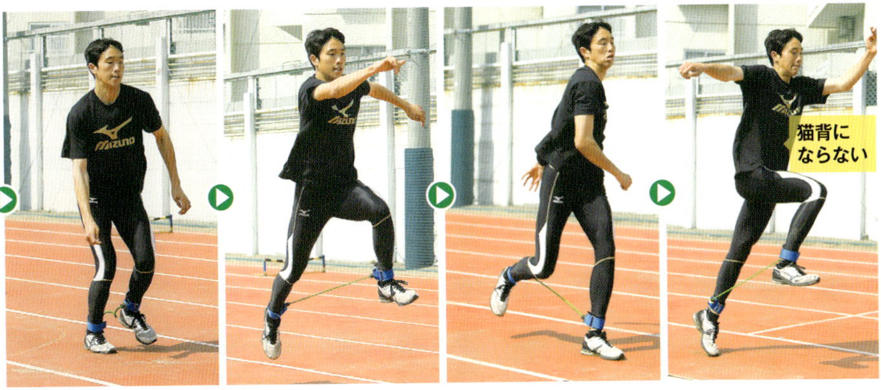

ポイント

脚の切りかえを素早く

ボックスを使うことで、高さを出すことができる。高いとこから接地したときの反発のとらえる感覚をつかむ。パワーステップをつけることで、脚の切りかえしを素早くできるようになる

Menu 117 ミニハードル走

▼ やり方

ミニハードルを 8.5m インターバルで並べ、3歩で跳ぶ

ポイント

110mHの感覚で高く跳ぶ

低いハードルで跳ぶが、110mH の感覚で高く跳ぶ。接地のとらえ方、重心移動などはスプリントと同様。パワーステップをつけることで、はさみ込みを素早く行うイメージをつくることができる

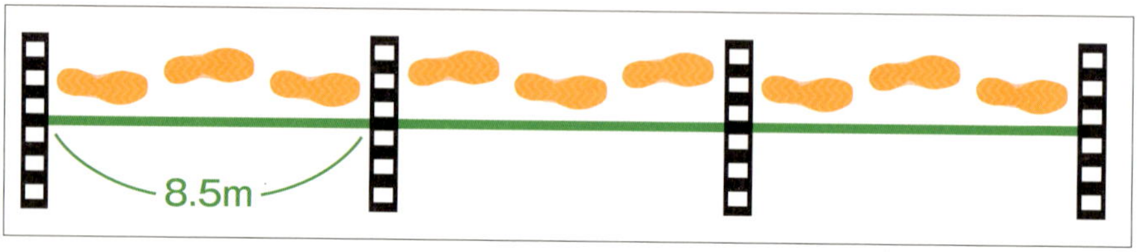

Menu 118 ダイナマックスグライド投げ

▼やり方

防護ネットに向かって、ダイナマックスをグライドで投げる

ポイント グライドのステップを素早く

重心移動を意識して、下半身と上半身を連動させてダイナマックスに力を伝える。パワーステップをつけることで、グライドのステップを素早く行う意識を植えつけることができる

Menu 119 ダイナマックスやり投

▼ やり方

防護ネットに向かって、ダイナマックスをやり投のワンクロスで投げる

ポイント

つま先でスライドする

腕だけで投げず、クロスステップでしっかりとパワーポジションをとり、重心移動して下半身を先行して前を向き、反動で上半身をひねって投てきする。カカトで接地せず、つま先でスライドする。パワーステップをつけることで、クロスステップの脚さばきを素早く切りかえる感覚を養える

ワンポイントアドバイス

基本動作を鍛えることが優先

混成ブロックは、各ブロックの選手たちと同様の限られた練習時間で、たくさんの種目に取り組まなくてはいけない。得意・不得意もあるだろう。もちろん、専門練習で得意をより点数アップに、不得意を少しでも向上するということは大切。だが、まずは基礎体力を向上し、走練習を中心にして重心移動・反発を得るといったトレーニングで、体をうまく使える感覚を養おう。そうすれば、まんべんなく点数アップを見込める。走・跳・投の基本動作を鍛えることを優先しよう。

Extra

こんな場面でやろう!

得意・不得意を見極められる!

混成種目は、専門種目で勝負できなくても、複数種目をこなす総合力を鍛えることで戦える種目。現在、日本のトップ選手として活躍する日本記録保持者の右代啓祐選手も、走高跳などを専門種目にしていたが、全国で戦える実力を持っていなかったという。だが、混成種目と出合い、総合力で勝負して世界大会に進出するまでになった。また、中学時代に混成種目をしていたトップ選手たちも多い。いろいろな種目に挑戦して得意・不得意を見つけられるメリットもある。まずは混成種目に挑戦するのがオススメ。

第7章

強くなる補強

記録アップ、パフォーマンス向上には
フィジカル強化は不可欠。
強くなる補強で基礎体力アップをはかりましょう。

スプリント系補強

ねらい

体幹、基礎体力の強化

難易度	★★★～★★★★★
時　間	60分
実施時	練習前・後の補強、故障中の練習

» 主にねらう能力

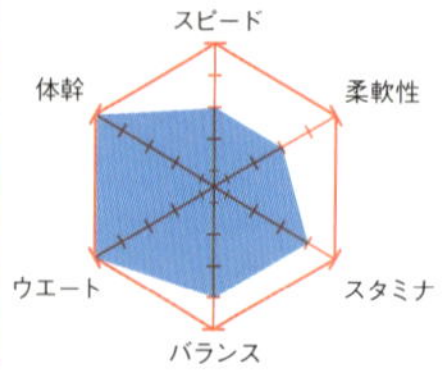

なぜ必要？

専門練習だけでは鍛えられない部分を強化する

補強練習は、技術練習ではなくフィジカル系（ウエート）トレーニングに分類される。多くの学校でも、練習後などに行っているだろう。専門練習だけではなかなか鍛えられない部分を補い強化する（＝補強）のが目的。「この部分は専門種目には必要ないから鍛えなくていい」という考えを持っていては、体全体のバランスを崩し、パフォーマンス向上は見込めない。偏った体のバランスを整え、体幹、基礎体力の向上をはかろう。

ワンポイントアドバイス

補強は技術練習も兼ねる！

補強はただ筋力・体力を鍛える練習ではない。普段鍛えられていない部位を強化することで、関節回りの強化につながり、走練習においてストライドやピッチが向上したり、跳躍や投てきでの反発力がアップしたりという効果が表れる。補強が自分の種目のどこにつながってくるのか考えながら行おう。

Menu 120 カーフレイズ

▼ やり方

1 2人1組で、パートナーをおんぶしたまま、カカトを上げ下げする
2 カカトを下げるときでも、カカトを地面にはつけない

ポイント 拇指球に重心を乗せる

姿勢は真っすぐに、頭を下げないように、軸をつくって行う。つま先ではなく、拇指球（ぼしきゅう）に重心を乗せる。走練習や投てきでも必須となるヒールアップの感覚をつかみ、ヒールアップに必要な腱反射の強さを強化できる

Menu 121 フェイント背筋・腹筋

▼やり方

1. ２人１組で行う。背筋は腕をついてあおむけになり、両脚を持ってもらう
2. 腹筋はうつぶせの状態で腕立て伏せの形で脚を持ってもらう
3. 持ち手は足首を持ち、どちらか片方の手を放し、それに反応して力を入れて脚が落ちないようにキープする。どちらの手を放すかは伝えない

▼脚を持っている側はどちらか片方を離す。どちらが離れても体をキープできるように腹筋を使う

▼お腹を上に向けた状態で脚を持ってもらい、その脚を離されたら瞬時に反応。脚が落ちないように背筋で支える

ポイント 体幹で脚を支える

腸腰筋、お尻回りの強化に効果がある。体幹をつくらないと脚をキープできない。ストライドが大きくなり、脚の切りかえしのスピードアップにつながる

Menu 122 スクワット

▼ やり方

1 2人1組で行う。あおむけで背中を着けて脚を真っすぐに伸ばし、パートナーに足の裏に体重をかけてもらい、スクワットの要領でヒザを曲げて受けて押し返す

ポイント

真っすぐ押し返す

負荷をかける側は、体重をすべて乗せる。脚のバネを使って押し返す。股関節回りを使う。真っすぐに押し返すことで、体幹（重心）を意識することができる

ワンポイントアドバイス

マシンは必ずしも必要ではない！

補強やウエート・トレーニングに有効なトレーニングマシンは、たくさんの種類がある。もちろん、効率良く鍛えることができるが、すべての学校がマシンを揃えられるわけではない。しかし、2人1組で人間の重さ（体重）で負荷をかけることで、マシンがなくても十分にトレーニングをつむことが可能だ。

Menu 123 ブリッジウオーク

▼ やり方

1 前屈し、脚を動かさないまま、地面についた手を少しずつ前に進める

2 手が肩の下まできたら続けて手をついたまま、足を少しずつ手に近づけていき、前屈の状態まで持ってきて、頭をしっかりとヒザにつける

▲ストレッチとしても補強としてもできるのがこのブリッジウオーク

Extra

速い選手は柔らかい！

東京高校では柔軟性を重視している。ブリッジウオークでは補強と柔軟性どちらの効果も見込める。股関節やヒザ裏など、スピードのある選手はみんな柔らかい。

ポイント

2人並んで行う

ストレッチとしても効果的で、ストレッチなら10m、補強なら20m行う。常に真っすぐに軸を意識して行う。2人並んで行うことで、体の柔らかさなどを比べられる。この体の柔らかさがないと、ストライドが伸びず、腰が落ちる走り方になってしまう

Menu 124 腕ジャンプ

▼ やり方

1 腕立て伏せの要領で、うつぶせになり腕を肩幅に開いて手をつく
2 その状態から、手を小刻みにジャンプさせながら細かく左右に開いてまた戻す
3 次は上下に開き、戻す
4 上下の左右反対も行い、最後に腕立て伏せをする

ポイント

ワキを締めて行う

3セット続ける。体のバネを強化する。体幹をつくって、テンポ良く行おう。ワキを締めて行うことで、腕振りのスピードアップに効果が表れる

Level UP!

素早く正確な腕振りを生む

上半身のトレーニングも大事。肩甲骨や腕回りの瞬発力を向上させることで素早く正確な腕振りを生むことができる。

ワンポイントアドバイス

ケガをしたら補強で強化!

ケガをして長い期間練習ができない時期もあるだろう。そんなときは、補強で基礎体力を強化しよう。専門練習をできないことで焦る気持ちもあるだろうが、普段鍛えることができない部位を強化できるチャンスだととらえ、ケガが完治して戻ったときに、よりパワーアップして練習復帰できるように、補強に励もう。

まとめ

スプリント系補強は、股関節、お尻回りの強化によりストライド&ピッチアップに効果があり、上半身強化によって、腕振りに効果がある。すべて走りにつながっているという意識で行っていこう。

跳躍系補強

難易度	★★★☆☆
時　間	20分
実施時	練習前・後の補強、故障中の練習

ねらい 体幹、基礎体力の強化

» 主にねらう能力

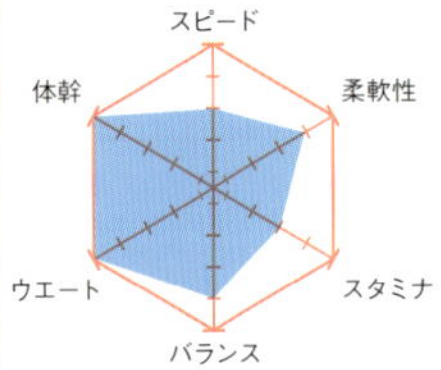

跳躍補強では、上半身と下半身を連動させて、全身のバネを使えるようになるためのトレーニングを行う。鉄棒を使った２種類を紹介する。もちろん、スプリント、投てきブロックも行っている補強メニューだ。

Menu 125 連続逆上がり

▼ やり方

1. 鉄棒で、一度懸垂で頭を鉄棒の上まで持ってきてから逆上がりを行い、一度腕を伸ばして、再度頭を上げたあとに連続で逆上がりをする
2. 足はつかずに連続して行う

ポイント タイミングよく反動を使う

体の反動を使って、軸をつくって行う。タイミングよく反動を使えないと連続してできない。反動をうまく利用するのは、地面の反発をとらえる感覚と同じ。10回できるようになろう

Menu 126 ダイナマックスはさみ連続逆上がり

▼ やり方

1 ダイナマックス（3～4kg）を脚ではさんだ状態で連続逆上がりを行う

Extra

跳躍に逆上がりが必要な理由

下半身のパワーを上に伝える。これは跳躍技術に通じるのだ。

ポイント

股関節回りの筋力を使う

ダイナマックスという負荷をかけることで、連続するのが難しくなり、より股関節回りの筋肉を使わなくてはならない。反動をつけるのも難易度が増すので、しっかりと反動を得なくてはいけない

まとめ

反動をうまく使うのはどの種目にとっても基本となる。短距離のドリルで紹介したように、懸垂の補強効果は絶大。腕だけでなく、腹筋・背筋を中心とする体全体を鍛えることができる効果的な練習となる。

投てき系補強

ねらい 体幹、基礎体力の強化

投てきの補強というと、どうしても上半身を中心としたウエートトレーニングを連想させるが、投てきには下半身の瞬発力も必要不可欠。上半身、下半身とバランスよく強化しよう。

難易度	★★★☆☆
時　間	30〜60分
実施時	練習前・後の補強、故障中の練習

» 主にねらう能力

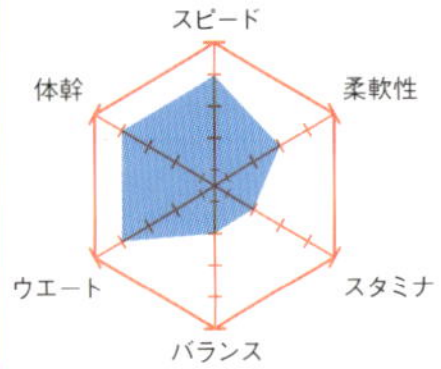

Menu 127 立ち二段跳び

▼ やり方

1 少し高めの位置（ブロックを置くのも可）から、両脚跳びで、２歩目で砂場に着地する

ポイント

１歩目で止まらない

上半身の反動をうまく使い、下半身と連動させて大きくジャンプする。途中の１歩目で動きを止めない。止めてしまうと流れが止まり、力を２歩目のジャンプに伝えられない。砲丸投のグライドや、円盤・ハンマー投の回転、やり投のクロスステップ同様、重心をしっかり移動し、力を投てき物に伝えるためにも、下半身の瞬発力を鍛えよう

バリエーション　立ち二段跳び（障害物あり）

▼やり方

立ち二段跳びの１歩目と２歩目の間に障害物（ハードルなどでOK）を置いて行う

ポイント　高さを意識する

障害物を置くことで、より跳躍の高さを意識できる

ワンポイントアドバイス

跳躍力は記録に直結する！

立ち幅跳びや立ち五段跳びは競技力と比例するといわれている。コントロールテストの項目でも行われており、男子ハンマー投の室伏広治選手は立ち幅跳びで３ｍをこえる記録を持つ。東京高校でも、インターハイで上位にくる選手は立ち二段跳びが抜群で、砲丸のバック投げ同様、競技力のバロメータとして定期的に計測しよう。

Menu 128 ボックス腕立て伏せ

▼ やり方

1 両手、脚の３点にボックスを置いて腕立て伏せを行う

ポイント

ボックスを使って可動域を広く

ボックスを置くことで、腕をより深く曲げて行え、肩甲骨の可動域を広げることができる。肩甲骨を引いた投げができるようになる

Menu 129 プレートスイング

男子　25kg
女子　15kg

▼ やり方

1 ウエートトレーニングで使用するプレートを１枚両手で持ち、スイングする

バリエーション① 正面 ▼ やり方

ヘソの前を通して左右に振る。左右に振るときは、肩の位置をキープし、ヘソの前を通すときは少し下向きに行う。ヒザを少し曲げ、軸は真っすぐに行う

バリエーション② 頭上回転　▼やり方

頭の上をぐるっと回して、ヘソの前を通す。体幹を真っすぐに保つ。顔は正面を向いたまま行う

バリエーション③ 上向き180度　▼やり方

ヒザからスタートさせ、上半身を使って大きく反対のヒザに向けて弧を描くように動かす。頭上回転とは違い、背筋を使って上半身ごと動かす。下半身は動かないよう、体幹は真っすぐに保って行う。投てきの起こし動作に近い動きになる

まとめ

補強ではスプリント系、跳躍系、投てき系とジャンル分けしたが、あくまで目安であり、「スプリントにしか効果がない」、「投てきには必要ない」、というわけではない。補強の目的は、基礎体力の向上と、不足している部分を強化すること。自分のパフォーマンス向上のために足りていない部分は何なのかを知り、補強を行うことでケガが減り、自己ベスト更新に近づけるのだ。

! ポイント

投てき補強はバランスよく

上半身と下半身をバランスよく強化し、常に投てき動作につながるということを意識して行おう

エンドレスストレッチ

ねらい

柔軟性アップ 体を温めて練習の効率を上げる

難易度	★★☆☆☆
時　間	10分
目　的	ウオーミングアップ後のストレッチ 練習後のクーリング・ダウン後のストレッチ

» 主にねらう能力

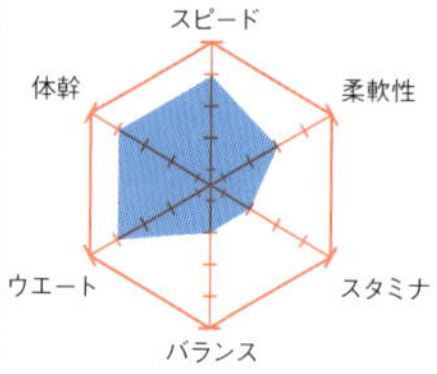

ストレッチには、動的ストレッチと静的ストレッチがある。エンドレスストレッチには両方の効果が見込める。一つひとつの動作をぶつ切りにせず、動きながら行うことで、より効率的にストレッチを取り入れることができる。

▼ やり方

1 手で足首を持って左右に開脚（20回）
2 片脚は曲げ、もう片脚を伸ばして腰を落とす
3 そのまま体をひねって前後に股関節を伸ばす
4 ヒザを脚の横まで落とす
5 体形をキープしたまま股関節を外旋してヒザは落とす
6 股関節を内旋する
7 上半身を倒す
8 片脚は曲げたまま脚をクロスさせ、上半身を曲げている脚のほうにひねる
9 片脚は曲げたまま前屈

ワンポイントアドバイス

動きながらストレッチ

エンドレスストレッチは、その名の通り一度も止まらずに続けて動きながら行うストレッチで、時間を有効利用できるのが利点。一度流れをつかめば、左右まんべんなく効率良く体をほぐすことができる。柔軟性をしっかりと養おう。

逆向きを行う

おわりに

“うまくなるドリル”で世界の舞台をいち早く求めて！

世界記録達成は日本人には無理なのか？　どうすれば金メダルを取れるのか？　これは選手にとっても、指導者にとっても、永遠の大きなテーマです。

指導者は選手を可能な限り伸ばす、選手は伸びるために極限まで力を発揮することが責務といえます。この大きな壁に立ち向かい挑戦しなければオリンピックでは戦えません。

私のトレーニングはあらゆるスポーツにおいて必要な、究極の体幹能力を原点にメニューが組まれております。バランスのとれた身体能力をメインに、誰よりも腕を速く振る、足を速く動かす、この連動性の動作がうまくできれば世界に大きく近づくようになります。

世界最高峰アクロバットサーカス『シルク・ドゥ・ソレイユ』は、極限の動きのなかで、美しく魅(み)せる演技を披露します。その演じる人間の能力は、強烈なパンチを私に与えてくれました。人間ができる最高の演技とは正しく美しくなければ観衆は感動しません。陸上競技も同様で、短距離でもマラソンでも、世界一流のメダリストは動きに無駄がなくフォームが美しい。正しく美しいフォームをつくるトレーニングは不可欠です。走る体幹能力、跳ぶ能力、飛ばす能力と進化する動きをうまくなる要素として取り入れなければ向上しません。

もう一つ進化するために大切なものは、選手の声を聞くということ。「これをや

れば調子がいい」「これが足りないから動かない」など、今まで以上に選手の声に耳を傾けてトレーニングを組むようになれば、それまでの無駄なトレーニングを省き、短時間で効果を上げられるようになります。

こうすればこうなる！　と見えてくるトレーニングができるようになれば、記録は必ず向上してきます。そこには思わぬ記録と素晴らしい感動の結果が待っています。

本校も近年、インターハイにおいて2011年に男子総合初優勝、男子4×100mリレー優勝（当時のリレー日本高校新記録樹立）、男子砲丸投優勝、2012年女子総合初優勝、女子4×100mリレー優勝、男子4×100mリレー優勝。2013年東京国体200m優勝、2014年インターハイ史上初男女100m優勝、長崎国体優勝、2015年インターハイ史上初男女100m＆4×100mリレーの四冠獲得という偉業を成し遂げました。

こうすれば伸びる。こうすれば結果が出る。本書から正しいやり方を理解して、魂を入れたトレーニングを繰り返せば、きっと指導者として、選手として変われると信じております。

最後に、この本を手に取ってくれた皆さんが、世界に通用する選手、世界に通用する指導者に進化していくことを希望します。

大村邦英（東京高校陸上部終身監督）

著者・大村邦英

大村邦英（おおむら・くにひで）／1950年4月4日生まれ。宮古高校から日体大を経て、東京高校体育科教諭、同陸上競技部監督に就任。1980年にアメリカでダイナマックスを用いたトレーニング、抵抗トレーニング、チューブトレーニングの基本を学び、独自の練習法を編み出してチームを全国レベルの強豪校に育て上げた。インターハイでは2011年に男子、2012年に女子が総合優勝。2014・15年インターハイでは大嶋健太とエドバー・イヨバを100mでアベック優勝に導く。15年は4×100mリレーでも史上初の男女優勝。同年、女子4×100mリレーで44秒48のアジアジュニア新記録を樹立した。2016年4月より、母校・日体大の総監督に就任。引き続き終身監督として東京高校の指導も行っている。

協力

左から小林直恵先生（ハードル）、大村邦英終身監督、
小林隆雄監督（投てき）、醍醐直幸先生（跳躍）

撮影協力　東京高校陸上競技部

1973年に創部。東京都高校総体（インターハイ予選）総合優勝：男子16年連続33回、女子6年連続24回。関東大会総合優勝：男子９回、女子７回。インターハイでは2007年に男子総合準優勝。2011年に男子総合初優勝。2012年に女子総合初優勝。2014年には大嶋健太とエドバー・イヨバがインターハイ史上初男女100m優勝を果たした。翌2015年はアベック連覇と同時に、史上初の4×100mリレーでも男女優勝を達成。主な卒業生には女子800mの西村美樹（元日本記録保持者）、女子砲丸投の森千夏（故人／日本記録保持者、2004年アテネオリンピック代表）、男子短距離のケンブリッジ飛鳥（2016年リオオリンピック4×100mリレー銀メダルメンバー）、男子投てきの安藤夢らがいる。

※本書で紹介した記録やランキングは2016年8月末のものです。

デザイン／有限会社ライトハウス
黄川田洋志、井上菜奈美、田中ひさえ、今泉明香、
藤本麻衣、新開宙、福本桃子、岡村佳奈
写　真／長岡洋幸、矢野寿明
写真提供／陸上競技マガジン
編　集／向永拓史
佐久間一彦、木村雄大（ライトハウス）

差がつく練習法
陸上競技 東京高校式ドリル

2015年6月20日　第1版第1刷発行
2020年1月20日　第1版第7刷発行

著　　者／大村邦英

発 行 人／池田哲雄
発 行 所／株式会社ベースボール・マガジン社
〒103-8482
東京都中央区日本橋浜町 2-61-9　TIE 浜町ビル
電話　03-5643-3930（販売部）
　　　03-5643-3885（出版部）
振替口座　00180-6-46620
http://www.bbm-japan.com/
印刷・製本／広研印刷株式会社

Printed in Japan
ISBN978-4-583-10830-8 C2075